Te Rautakitahi o Tūhoe ki Ōrākau

Te Rautakitahi o Tūhoe ki Ōrākau

Tā Pou Temara

KOTAHI RAU
PUKAPUKA

8

Auckland University Press

Kotahi Rau Pukapuka 8
Kia puāwai te aroha ki te reo
mā te rau pukapuka.
www.kotahiraupukapuka.org.nz

Nō te tau 2023 te tānga tuatahi
Auckland University Press
Waipapa Taumata Rau
Pouaka Motuhake 92019
Tāmaki Makaurau 1142
Aotearoa
www.aucklanduniversitypress.co.nz

AUCKLAND
UNIVERSITY
PRESS

Nā Tā Pou Temara © 2023

Te kanohi hihira: Ko Anaha Hiini

Ngā kanohi hōmiromiro: Ko Stephanie Tibble
rāua ko Nigel Brooke

Te kaitīpako kuputohu: Ko Ross Calman

Ngā pou hōmiromiro: Ko Katharina Bauer
rāua ko Lauren Donald

ISBN 978 1 86940 962 3

He mea tautoko nā Creative New Zealand,
nā Kotahi Rau Pukapuka hoki

Kei te pātengi raraunga o Te Puna Mātauranga o
Aotearoa te whakarārangi o tēnei pukapuka.

Ka tiakina katoatia te manatā. Atu i ngā take
whakamātau tūmataiti, i ngā take rangahau,
i ngā take whakawā, i ngā take arotake rānei ka
whakaaetia i raro i ngā here o te Ture Manatā,
me kaua tētahi wāhanga o tēnei pukapuka e tārua,
ahakoa pēhea nei te whakaputa, kia āta whakaaetia
rā anōtia e ngā kaipupuri i ngā mana o te pukapuka
nei. Kua whakaūngia te mana matatika o te kaituhi.

Te kaihoahoa: Ko Neil Pardington Design
Te ringatoi: Ko Tāme Iti
Te kaihoahoa tuarā: Ko Kawariki Morgan

Te whakaahua kei te uhi: Ko *Location*, nā Tāme Iti,
i te tau 2016, he peita kiriaku i runga papakōaka,
500 x 600 mm.

He mea whakarite e Markono Print Media Pte Ltd
kia tāngia i Hingapoa.

Ngā Upoko

Te Wāhanga Tuatahi	11
He Mihi	13
He Tāhū Kōrero	16
Tēnei Pukapuka	16
Te Mana Kōrero	20
Ruatāhuna Te Āhuru Mōwai, 1826–1866	23
Ngā Here ā-Iwi: Te Tatau Pounamu a Te Purewa rāua ko Tūkōrehu, Te Matakahi, Pūkawa, Tūhoe Pōtiki	27
Te Purewa	27
Whakapapa 1: Te Purewa (Te Arawa me Tūhoe)	27
Peehi Tūkōrehu	30
Whakapapa 2: Peehi Tūkōrehu	31
Te Kōrero o te Matakahi	32
Pūkawa	33
Tūhoe Pōtiki	34
Te Rongo o te Pakanga ki Waikato	36
Te Whenuanui Te Umuariki	41
Whakapapa 3: Te Arohana ki a Te Umuariki	41
Whakapapa 4: Toroa ki a Te Umuariki	42
Te Whenuanui	44
Te Upoko Pakaru	48
Whakapapa 5: Te Whenuanui	55

Animiraka Te Umuariki	60
Te Mauniko Te Whenuanui	62
Hinepau Te Whenuanui	68
Paerau Te Rangikaitupuake	73
Ngāti Kākahutāpiki	73
Whakapapa 6: Paerau Te Rangikaitupuake (Paerau)	77
Paitini Wī Tāpeka	79
Ngāti Tāwhaki, Ngāti Maru o Maungapōhatu: He kōrero hoki mō Wī Tāpeka rāua ko Paora Wī Tāpeka	79
Whakapapa 7: Paitini Wī Tāpeka	83
Paraki Weretā	84
Ngāti Manunui	84
Whakapapa 8: Paraki Weretā	86
Hākopa Poroutaina (Hākopa)	87
Ngāti Manunui	87
Whakapapa 9: Hākopa Poroutaina (Hākopa)	87
Tamarau Waiari (Te Mākarini Te Wharehuia)	88
Ngāti Kōura: He kōrero hoki mō Hineana Ngāi Te Riu me Ngāti Hinekura	88
Whakapapa 10: Te Ngahuru	88
Whakapapa 11: Toroa ki a Tamarau	92
Whakapapa 12: Kōurakino ki a Tamarau	93
Whakapapa 13: Ngā wāhine a Tamarau	94

Pareihe	95
Ngāti Manunui	95
Whakapapa 14: Pareihe	95
Whakapapa 15: Pōtiki ki a Pareihe	96
Penehio Tamaiākina Tipoko	98
Ngāti Kurī	98
Whakapapa 16: Penehio Tamaiākina Tipoko	99
Tarei, Te Iriwhiro, Tauarau Wiremu	100
Ngāti Kurī	100
Whakapapa 17: Pōtiki ki a Tarei	101
Whakapapa 18: Kurīkino ki a Tarei	103
Hoera Rukutanga	104
Whakapapa 19: Hoera Rukutanga	104
Mānuera Hautū	107
Ngāti Tāwhaki, Ngāti Hinekura, Ngāti Ira	107
Whakapapa 20: Mānuera Hautū	107
Te Ahikaiata	111
Whakapapa 21: Te Ahikaiata	112
Tāpiki rāua ko Penetiti	114
Ngā Tohunga o te Rautakitahi	114
Whakapapa 22: Tāpiki	117
Paora Te Whāiti	119
Whakapapa 23: Paora Te Whāiti	119

Te Wāhanga Tuarua	123
Ōrākau 1940–2000	125
Ōrākau 2000	129
Ngā Hononga i ēnei Rā	134
Te Tō i te Kūaha	135
Ngā Tāpiritanga	136
Te Rārangi o Te Rautakitahi ki Ōrākau i wehe atu i Ruatāhuna	136
Ngā Pitopito Kōrero	140
Ngā Tohutoro	144
Ngā Kōrero ā-Waha me ngā Uiuinga	145
He Kuputohu	146

Te Wāhanga Tuatahi

He Mihi

Kua roa e takoto ana ēnei kōrero i te puna o takamuri, o whakatenetene. I tēnei rā, kua oti, kua tukua te ao o te pō kia mihia e te ao mārama.

Tēnā koutou e aku kuia, koroua e takoto mai nā i roto i a Maniapoto. Ko koutou te whakahere utu nui a Tūhoe, i matemate i te marae o te pakanga i Ōrākau. Koutou i hinga atu ki te umupokapoka o te riri, nā Papatūānuku koutou i awhi ki te oneone, ki te pakiaka, i ngā wāhi i hinga ai koutou. Ahakoa kua oneonetia, ko te maumahara ki a koutou e kore e ngaro, ka mau tonu haere ake nei.

E kui mā, e koro mā, koutou i hoki ora mai i te marae o te pakanga i Ōrākau ki te āhuru mōwai i Ruatāhuna, te kōhanga i wehe atu ai koutou, anei rā ngā maioha taurangi ki a koutou.

I roto i ngā tau mai i te wā o te pakanga ki Ōrākau, e kōrerohia ana koutou e te hunga tuhi hītori. He uaua ka puta te kupu whakanui i a koutou, hāunga ngā kupu tāwai o te iwi hara, o te iwi whakatete. I roto i ēnei tau, e wahangū ana koutou. E noho ana ngā kōrero mō koutou i roto i ngā kohu o tō koutou kāinga o Te Urewera. I te rā nei kua kōrerohia koutou, kua ari mai koutou i te kohu. Kua riro mā te uri o te Rautakitahi ki Ōrākau koutou e kōrero. A koe, Paitini Wī Tāpeka (Paitini), e taku koroua, Tarei, e te tipuna kuia, Animiraka Te Umuariki, a koe Hinepau – te puhi o Mātaatua – ko koutou ētahi o te Rautakitahi i mahora ki te riu o te riri, ki te aroaro o Maniapoto i manawaweratia ai.

Koutou i hoki mai, e taku koroua, Paitini, ko koe i hoki mai, ko tō pāpā i mate atu; a koe, e taku tipuna kuia, Te Mauniko, kōrua ko tō pāpā a Te Whenuanui, rangatira o te whakahekenga ariki i a Te Umuariki.

Ko koe rā, e Nua i kauhautia, i kākahuria ki te kupu tāwai o whakaiti e te hunga kāore i tipu ake i te ao Māori, kāore he paku mōhiotanga ki tōu ao, ki āu tikanga, ki ngā whakaaro ngākau Māori. Me pēhea e taea ai e kanohi tauhou ki āu tikanga te kōrero i ōu whakaaro Māori? Whakanuia ana ko kiri mā, whakairia ana te kōrero o te tangata hara ki a koutou. Ko koutou o te Rautakitahi i rongo i te pūtātara me te piukara o te riri, ko koutou i haere ki te utu i te karanga a Rewi Maniapoto. Nā, ko te haurua i mate atu – tāne, wāhine. Āe, i roto i ngā tau e korohikohiko ana tā koutou moe. I tēnei rā me au te moe.

Ka mihi hoki ki ngā karawa i whai wāhi mai ki tēnei rangahau. Ko Tamaroa Nikora tērā, te manu auware o te pō, kāore e moe i te ngana ki te rangahau kōrero, ki te whakaoho i a mātau i ngā hāora e moe ana te ao, ki te werowero i ō mātau whakaaro. He tangata whakapapa. Tōku waimarie i a Tamaroa. Ngā maioha nui ki a Te Wharehuia Milroy rāua ko Hirini Melbourne, te tokorua nā rāua i kōkiri te kerēme raupatu a Tūhoe i ngā tau whakapaunga o te rautau rua tekau. Ko tētahi wāhanga o tā rāua rautaki ko te haere ki Ōrākau ki te whakatau i te Rautakitahi i mate atu ki reira, ko te whenua te take. Nō te tau 2000 i takahia ai e Tūhoe te ara ki Ōrākau. Tōku waimarie ki te uru atu hai hoa mō rātau. E Tama, e Whare, e Hī, kimi noa, rangahau noa, kai hea rā koutou ka ngaro nei?

E mihi ana hoki ki a Matu White, ki a Te Rau Wāhia, ki a Ru Tahuri mō ngā tāpiritanga mai ki ēnei kōrero. Rātau katoa kua riro ki Hawaiki. O ngā kaikōrero mai, kotahi anō kai te ora tonu, nō tōku whakatipuranga. Koia ko taku tuakana, ko Te Tokawhakaea Temara. E mihi ana.

Kia tahuri ake ki ō mātau kuia, koroua, nā rātau nei i whāngai ki te kai mārō, ki ngā kōrero i tō rātau ao me te ao o ngā whakatipuranga o mua atu. I noho tahi rātau me ngā mōrehu o Ōrākau, i kōrerohia ngā kōrero ki a rātau e aua ika-a-Whiro. Mā ngā kupu kai te puku o te whakairi whare nei e ora ake ai rātau.

Nā reira, ka takina ngā kupu hai whakamānu i ēnei kōrero:

E Para i te rangi.
Tukua atu rā 'hau
Kia rere i te ao tāwhanawhana
Hai mātakitakina mā te tini, mā te mano,
Hai kai mā te whatu,
Hai ui mā te whakaaro.
Hoatu ki tai, hoatu ki uta,
Hau hinga atu, hau hinga mai,
Tukua atu au kia puta ki waho rā;
Kia kitea ko au tēnei, ko te Rautakitahi
Ka ngaoko, ka ngaora
Ki te ao mārama!

Nā Pou Temara

He Tāhū Kōrero

Tēnei Pukapuka

Ko tēnei pukapuka he kōrero i ētahi o ngā tāngata – tāne, wāhine – i haere ki te pakanga i Ōrākau. Kāore e taea te kōrero i a rātau katoa i te mea kāore e kitea he kōrero mō ētahi o rātau. Ākene mā tēnei pukapuka e wero ngā uri o te hunga kāore e kōrerohia i konei, ki te kōrero i ō rātau tīpuna. Kāore e kōrerohia ngā taipitopito o te pakanga. Kua kōrerohia ērā i roto i ngā pukapuka maha. Engari ko ngā mea kāore i kōrerohia i ērā pukapuka, ko te kaupapa i haere noa ai ko te tokoiti ki Ōrākau, ko te haere o ngā wāhine i te taha o ā rātau tāne, ko te haere o ngā tamāhine i te taha o te pāpā. Ka mutu, ka mahue ko ngā hoa tāne o ngā wāhine nei ki te kāinga me ngā tamariki? Kāore ērā i mātaitia e ngā kaituhituhi. Oti anō, ko te rere tika ki te matū o ā rātau kōrero – i hinga ngā Māori i te pakihiwi kaha o te Pākehā! He iti noa ngā kōrero mō te toa o ngā Māori ki te kaupare atu i ngā hōia mō te toru rā. Kāore he kōrero mō te matemate o ngā wāhine, o ngā tamariki. Hai aha atu hoki? He Māori noa ēnei. Engari mēnā kotahi noa te Pākehā i mate i te Māori, he kōhuru whakarihariha rawa tērā. Ka tae rawa tērā kōrero ki Iuropa pāorooro ai.

Kāore e kore, i kōrero ngā mōrehu i a rātau e hoki haere ana ki Ruatāhuna. Kāore hoki e kore i tangi rātau. He aha aua kōrero? He aha rā ō rātau whakaaro? He aha te whakaaro o Te Whenuanui, kua mate rā tana taina tuahine a Animiraka rāua ko tana tamāhine? He aha ngā whakaaro o Paitini kua mate rā tana pāpā? He aha ngā whakaaro o Te Iriwhiro kua mate rā tana tuakana a Tarei? He aha ngā whakaaro o Te Mauniko, kua mate rā tana kōkara whakaangi me tōna taina? He mohoao noa rānei rātau kia kaua e arohia ake ō rātau whakaaro tangata? Kāore a Te Peehi i pātai i ngā pātai whakaaro ngākau, whakaaro tangata. He āhua pērā anō ētahi o ngā kaituhi o muri mai i a ia.

Ahakoa ēnei kōrero, ka whakamihi tonu ki te hunga hītori i whakatakoto i ngā kōrero mō Ōrākau ki tā rātau i kite ai, ngā korero i kōrerohia ai ki a rātau, pērā i ngā kōrero a Paitini Wī Tāpeka ki a Te Peehi. I āta tuhia e Te Peehi aua kōrero ki tā Paitini i kōrero ai, ki tā ngā taringa o Te Peehi i hiahia ai. Ka mau i a ia ka noho ko ia hai mātanga tohunga mō ngā whakaaro me ngā tikanga Māori, i a ia ka whakamārama i te ngākau Māori. Ko te whakatauritetanga ko te ao Pākehā, me tōna ngākau Pākehā. Ki te kore ngā tikanga me ngā kōrero e hāngai ki te ngākau Pākehā, tere tonu tāna kī he kōrero nā te mohoao aua kōrero, he kōrero nā te iwi kāore anō i taunga ki te noho a te iwi whakaaro teitei pērā i ngā iwi o Iuropa.[1] Ahakoa, e hia pukapuka i tuhia e ia mō te Māori. Mei kore ake.

He pai ngā kōrero a Te Kāwana,[2] he whakaaro nui ki te Māori. He pērā anō a Tōmairangi-o-te-aroha[3] (Judith Binney), he ngākau whakaaro nui ki te Māori. He kaha hoki ki te rangahau, he wahine i rataina e te rahi o Tūhoe, whakanuia rawatia ia e Tūhoe i Waikirikiri, i Rūātoki, ka whakairia atu tōna ingoa Māori. He hoa hoki nō tēnei kaituhi. Nāna i tuhi ngā kōrero mō Te Rua, me ana tuhinga mō Tūhoe me Te Kooti Rikirangi. He tuhinga kounga ērā. Heoi, ko ana kōrero mō te heke o te mana o Te Whenuanui ka utua i tēnei tuhinga.

Tērā e puta ai te pātai, ā tēnā, he aha tāu ki te puna kōrero? Kua kōrerohia kētia ngā kōrero mō Ōrākau, e hia kōrero kua kōrerohia. He aha te kōrero hou te mauria mai e koe? Ākene ko aua kōrero anō rā kua tōwaitia e koe? Pātai pai. Ko te whakautu poto ko ngā kōrero ēnei a te uri o Tūhoe. Māku anō e kōrero aku kōrero ki tāku i mōhio ai, ki tāku i kōrerohia ai e ōku mātanga, e ōku kaikōrero. He aha aua kōrero?

I a au e tamariki ana, e tipu ake ana i Ruatāhuna, e mārama ana ō mātau pākeke ki ngā kōrero o Ōrākau. E kōrerohia ana e rātau i tēnā wā, i tēnā wā, e kore e mutu tā rātau kōrero. E hakaina ana e rātau ngā haka o Ōrākau. Ko Ōrākau ko Te Pūru, ko Te Pūru ko Ōrākau, ko Te Pūru ko

Tūhoe! Kai roto i ā mātau manawawera e takoto ana ngā kōrero mō Ōrākau, e whakahuahua ana i ngā tāngata me ngā wāhine i haere, i mate atu ki reira. Ko ō rātau ingoa kua tuhia ki te tuhi hanganoa.

Ka hua ahau ki te kōhā e huaki nei mō wai?
Kāore koa ko te maunutanga o te taniwha ki te rua kōhā!
I Matakuhia ko Te Ao, ko Te Muri,
Ko Horopāpera ki Whakapunake.
Ki Panekire ko Te Umuariki, ko Tūkahara, ko Tapuwae.
Ki Huiarau ko te hekenga o Te Kuru-o-te-marama,
Ko Hineana ki Ruatāhuna.
I tangohia i te tihi o Manawarū i a Mārata, i a Penehio.
Haere 'hau kore atu rā koutou, e tama mā ki te mate.
Tērā a Tikitū, a Toihau,
Nāna Wharangi koe i whakamakariri atu ki Pōhaturoa.
Ehara i muri nei.
Kua whakataukītia ko te uri o Tūhoe,
Moumou tangata ki te pō!

Kai ā mātau waiata hoki e whakahua ana i ngā tāngata me ngā tīwhiri o te haere ki te pakanga i te rohe o Maniapoto. Kai roto anō i te tuhi Romana ngā kupu me ngā kōrero e hāngai ana.

Tirohia atu rā ngā whetū,
Mehe ko Matariki e ārau ana,
He tiki mai tāhau i ngā mahara.
E kohi nei, whakarērea ake,
Mā te roimata rā kōua riringi.
He puna wai, kai aku kamo.

E hika hoki e kuika nei,
He matua ia rā,
E, tahuri mai,
Ka riro ia te tira kaewa;
Nōhou, e Te Horo, ki te tai uru,
E hika mā, e, whāia atu
Ko te hikitanga o te waewae,
Mō ngā rangi whakangaro ana.
Ngā taupae, ki Huiarau,
Kātahi nei ka āta rangona iho,
Te mānukatanga, me pēhea rā?
Me kawe rawa ia ki te wai.
Kia wehea te tapu,
Kia takakau au,
E mawhiti ana tana hokowhitu.
He manu kaewa au te pae-i.[4]

Kai te waiata nei e whakahua ana i a Te Horo. Ko Horopāpera tēnei e whakahuatia rā i te rārangi tuawhā o te manawawera i runga atu i te waiata nei. Nā, kua riro ki te tai uru, kua haere ki roto o Maniapoto ki te utu i te pōhiri a Rewi Maniapoto, i roto i te hokowhitu pakanga. Kāore a Mihikitekapua i whakahua i a Ōrākau i te mea kāore hoki i te mōhiotia ka pakanga ki hea. Engari, e mātau ana a ia kua riro a Horopāpera ki te tai uru. Arā atu ā mātau waiata, manawawera mō Ōrākau.

Me pēhea mātau e kore ai e mōhio ki ā mātau kōrero kia riro mātau mā tētahi kē e kōrero? Āe, i te kōrerohia ēnei kōrero e ō mātau pākeke, engari i noho tonu atu ki roto i ngā whāruarua o Te Urewera. He rerekē tā mātau i mōhio ai i tā ngā kaituhi i tuhi ai. Kua puta i tēnei rā.

Te Mana Kōrero

Nā Hikawera Te Kurapa te nuinga o ēnei kōrero, he pitopito i tēnā wā, i tēnā wā. He wā anō kua āta noho māua ki te kōrero mō tēnei kaupapa. I ēnei nōhanga tahitanga, kāore i roa atu i te hāora e kōrero ana. Ko te nuinga he kōrero tāpiri nāna i a au e whakaputa whakaaro ana, pērā i te wā ka waiata au i te waiata:

Ka pai te tāne
Ki te noho tahi mai.
Ka whakatika ki runga,
Ka nui au te aroha.
Ārai rawa mai o Ruatāhuna…

Ka rongo a Hikawera, ka kata, kātahi ka kī mai, 'Hā, e hoa, koinā te waiata a tō koroua, a Te Hira'. Ka whaiwhai mai te koroua rā i taku waiata. He tino mōhio kē ia ki te waiata rā, engari kātahi anō au ka rongo i a ia e waiata ana i taua waiata. Nō muri ka uia e au. Kai roto i ngā whārangi e whai ake nei ngā whakamārama. Me taku kōrero atu anō, 'I kī a mea, nō Rūātoki kē tēnei waiata'. Ko tana whakautu, poto noa iho, Hikawera ake nei te rite, 'Kāre e aro i tēnā tou kera'.

He aha ngā mōhiotanga o tērā koroua? He mōhio. Nā tōna kuia, nā Te Mauniko – mōrehu o Ōrākau – ngā kōrero ki tana mokopuna, ki a Hikawera. Ko Hikawera rāua ko ōna tuāhine, ko Mereāira rāua ko Tira ngā kaitiaki, opeope i tō rātau kuia kia tae rawa ki te tau 1936, te tau i mate ai a Te Mauniko. Nō te huringa ki te tau 1907, ka whānau a Hikawera. Ko tōna māmā ko Matahera, tamāhine a Te Mauniko. I ahu mai ngā kōrero a Hikawera i reira, i ahu mai i tōna kuia. Nā te tamaiti whakaangi a Te Mauniko, nā Te Whenuanui tuatoru a Hikawera i whāngai. He tamaiti a Te Whenuanui tuatoru nā Hinepau, taina o Te Mauniko. I mate atu a Hinepau ki Ōrākau. He tohunga hoahoa whare a Te Whenuanui tuatoru, he kaiwhakairo, he mōhio. Ka pakeke a Hikawera, ka taka ki raro i a Rawiri Te Kōkau, ka ākona ki ngā mahi a te tohunga, te karakia, te whakaora tūroro. He tama a Rawiri nā Te Kōkau Himiona, ko tōna koroua ko Te Pikikōtuku o Ngāti Pikiao. He whānau tohunga. Ko Himiona i moe i a Marie o Te Urewera, ka puta ko Te Kōkau rāua ko Makurata. Ko Te Kōkau, he tohunga mātai whetū, he tangata tapu, mutunga mai o te tapu. Nō konei ngā mōhiotanga o Hikawera.

Tuarua, nā te taina tuahine o Hikawera, nā Pareraututu ahau i whakatipu. Ko te koroua whāngai i a Pareraututu ko Paitini, mōrehu o Ōrākau, tangata whakaheke i ngā kōrero o te haere a te Rautakitahi ki Ōrākau, te wera o te pakanga i reira me te hokinga mai. I whai wāhi taku kuia rāua ko taku koroua ki te kōrero ki a Paitini. Ko rāua ngā kaitiaki, ngā kaiopeope i a Paitini rāua ko Makurata – te wahine a Paitini – i te wā ka tau ngā taru o Tura ki a rāua. I Heipipi tō rātau kāinga. Kai reira tonu e tū ana te whare i tēnei tau 2021. Koirā hoki te whare i tipu ake ai au. Nō reira me pēhea e kore ai e kōrero, e mōhio rānei ki ngā kōrero o Ōrākau? He tāngata kōrero ōku koroua, rātau ko aku kuia. Koirā tā rātau nā kai, he kōrero. He tangata kōrero taku koroua a Tinimēne, he toa whaikōrero, he tangata e kauanuanutia ana e Tūhoe i ōna rā. Ka tuaruatia anō taku kōrero, e whānui ana te mōhio o ngā kaumātua, me ngā rangarua, heke iho ki ngā rangatahi o tō mātau wā, ki ngā kōrero. Engari i noho tonu aua kōrero ki roto ki Ruatāhuna. Hāunga ngā kōrero i kōrerohia ki a Te Peehi, ērā kōrero ērā. Kāore au i te mōhio he aha i kore ai a Te Peehi i whakahua i te ingoa o te Rautakitahi. Koirā hoki te ingoa o te ope i haere ki Ōrākau. I kōrero rānei a Paitini i tērā ingoa ki a ia? Mēnā i kōrero, he aha rā a Te Peehi i kore ai e whakahua? Ka mutu, ko te ope i haere atu ki Ōrākau ki tā Te Peehi, ko Tūhoe katoa? He tino iti nei te ope o Tūhoe i wehe atu i Ruatāhuna. Kāore i wehewehetia e Te Peehi a Ngāti Kahungunu, a Ngāti Whare me Ngāti Manawa, ahakoa tokoiti noa ērā o ngā apataki. I whakahua anō ia, engari i te nuinga o te wā, ko Tūhoe katoa taua ope ki a Te Peehi. Nā, ka whakanuia rawatia te tokoiti o Tūhoe kia tokomaha kē atu i tā te pono. Ā taihoa ka kitea te hua o ēnei werowero, kia mārō te haere o ngā kōrero.

Nō reira, hai kōpani ake i tēnei wāhanga, kai ngā upoko tuatahi o tēnei pukapuka e whakatakotohia ai te noho a Tūhoe i tōna rohe i Te Urewera mō ngā tau e maha. Koinei te horopaki o te haere rautakitahi ki Ōrākau.

Ruatāhuna Te Āhuru Mōwai, 1826–1866

Mai i te tau 1826 ki te tau 1866, e noho mārie ana a Tūhoe i tōna rohe. Ko Ruatāhuna te kōhanga o te iwi i ngā wā o te pakanga. Ki te whakaeke te ito ki ngā pae o te rohe, kua hikipapa ki Ruatāhuna ki reira whakakeke ai. Ko Ruatāhuna te āhuru mōwai o Tūhoe, koia tōna pā kairiri. Me toa te iwi ki te kuhu atu ki te mārua o Ruatāhuna me ōna pātū teitei i Huiarau me Te Ikawhenua-a-Tamatea. Koirā anō hoki te mārua e haere ai ngā iwi o waho atu i a Tūhoe ki te whakaruru inā whakaekea e te hoariri, ngā iwi pērā i a Ngāti Awa i te wā o te āmio a Ngāpuhi i te motu.[1]

Ko Ngāpuhi tētahi o ngā iwi whakamutunga ki te whakaeke ki Ruatāhuna, ā, me pēhea e toa ai te taiaha ki te pū? I tawhiti anō te rongo o te pū, papau ana te rere ki te ururua o Te Urewera whakangaro atu ai. Ko te huarahi e ora ai, me whakahoahoa ki a Ngāpuhi, me whakaara he tatau pounamu.

Ko te iwi whakamutunga ki te takahi i te pae o Tūhoe ki roto i tōna kōhanga, ko Ngāti Kahungunu, i raro i a Mōhaka. Kua hōhā a Ngāti Kahungunu ki a Tūhoe e haere atu rā ki ngā pae o tōna rohe ki te whakatū pakanga, ā, e haere mai ana a Mōhaka ki te kūtohitohi i a Tūhoe kia mau ai te iro. Ko te tau 1826 tērā.[2] Mai i ērā tau i te wā o Ngāpuhi rāua ko Ngāti Kahungunu, ka mutu te whakaekehia o Ruatāhuna e iwi kē i raro i ō rātau atua pakanga. Kore rawa i whakaekehia kia tae rawa ki te tau 1866. Koia te tau i eke ai te puni mau pū a te kāwanatanga ki te whai i te hunga hara, i whakatutū puehu i Te Tai Rāwhiti; i taki rere ki Te Urewera whakaruru ai.[3]

Mai i te tau 1826 ki te tau 1866, ka mau te rongo ki Ruatāhuna, ka āio te whenua. E whā tekau tau a Ruatāhuna e noho houkura ana – tata te rua whakatipuranga. Ka wātea a Tūhoe ki te mahi i ngā mahi a te iwi noho i te āhuru mōwai; te whakatikatika i ngā kāinga, te whakatipu kai, te haere ki ngā iwi o te tai moana ki te hoko atu i ngā hua o te ngahere, ki te hoko mai i ngā hua o te moana. I ērā wā anō, ka tīmata te hokihoki o ngā hapū ki ō rātau kāinga mahue i Rūātoki, i Waiohau, i Te Waimana ki te tahu anō i ā rātau ahi. Ko ngā hapū i hoki ki Te Waimana, i haere atu i Maungapōhatu, i tērā o ngā horangapai[4] o Tūhoe. I whakarērea e rātau ēnei kāinga i te wā o te pakanga ki ana ito, ka hikipapa ki Ruatāhuna. Koia te tohu o te noho pai me te noho mārie ki Ruatāhuna i ērā wā. Kāore he pakanga ki te rohe hai whakamataku. Ko te hoki anō ki te tahu i ngā ahi kua mātao i ngā kāinga i te pae o te rohe, te tohu o tō rātau mauritau, me te tohu o te houkura ki Ruatāhuna, ki Maungapōhatu, ki Rūātoki, ki Te Waimana, ki Waiohau, ki Waikaremoana.

Nō te tau 1836, ka tae te rongopai ki Ruatāhuna me ōna hapū e nohonoho rā i ōna pae. Ko ngā Pikopō[5] me ngā Mihingare ngā hāhi e whakataetae ana mō ngā tāngata – tāne, wāhine – o Tūhoe. Nō ēnei tau anō hoki i mōhio ai a Tūhoe ki te tuhituhi i te reo Māori. I te tau 1843, ka tae a Te Karehana (Colenso)[6] ki Ruatāhuna me ōna kāinga maha. Kua Karaitiana katoa a Tūhoe i tōna taenga ki ngā pā kāinga o Tūhoe, mai i Ruatāhuna, ka heke i te awa o Whakatāne ki Rūātoki, mai i te awa o Waikare ki Waikarewhenua ki Maungapōhatu. He whare karakia i ia marae kāinga.

Nā, koinei te noho a Tūhoe i ēnei tau i waenganui i te 1826 ki te 1866. Kāore i ekehia e te hoariri. Hāunga ngā tāuteute i waenganui i ngā hapū, mate iho ētahi. Ko te pakanga i waenganui i a Te Urewera me Ngāti Tāwhaki, i te pā o Ngāti Tāwhaki i Mānatēpā, he pakanga hāhi i waenganui i ngā Pikopō me ngā Mihingare, he pakanga tikanga Māori hoki. Ahakoa te huri o Ruatāhuna ki te Karaitianatanga, i te mau tonu ngā tikanga whakapono o mua ki ngā tohunga o Ngāti Tāwhaki rāua ko Te Urewera, ngā hapū o Tūhoe i Ruatāhuna e noho ana. Ko Ruru ki a Ngāti Tāwhaki, ko Kaiahi ki a Te Urewera, he whanaunga tata rāua. Ka whaiwhaiā tētahi i tētahi, auware ake. He ōrite ō rāua mana. Whakatika atu a Ruru ka pūhia a Kaiahi, ana, makariri ana. Ko Kaiahi te kauwaka o Te Rehu-o-Tainui. Nāna i tiki hai atua mōna i te matenga o Uhia, nāna nei a Te Rehu-o-Tainui i whakaara. Ko ēnei tāuteute i whāiti ki waenganui i a rātau anō, kāore i roa ka weto, ka tau anō te rongo, ka noho tahi anō ngā hapū. Ki te āta mātaitia ka kitea kotahi anō te whakapapa, kāore e taea te wehewehe. Nō te tau 1842 taua pakanga ā-hapū.

I tua atu i ngā tāuteute hapū, houkura ana a Ruatāhuna i ēnei tau. Engari ko te waiaro o te pakanga e mau tonu ana ki te iwi o Tūhoe. I ērā tau, i a rātau kua rangatira i ngā mahi ohaoha, ka taki haere ki te hoko pū i Hauraki, i Tauranga, i Whakatāne, i ngā wāhi me ngā Pākehā e hoko ana i ērā rākau. Āe, ko te kōhanga i Ruatāhuna me ōna pae i noho āio, engari ko te iwi o Tūhoe kāore i noho āio. I te haere tonu rātau ki te whakatutū puehu ki ōna hoariri i waho atu i tōna rohe ā-iwi, ā, he hanganoa kua haere ki te rānaki i ōna mate. Rua tekau mā rua katoa ngā pakanga i haere ai a Tūhoe ki te kōkiri i waenganui i ngā tau 1826 ki te 1866 i waho atu i Ruatāhuna me te rohe o Tūhoe. Kua toa, kua hoki ki te āhuru mōwai. Kua pākia mai, papau ana te hoki ki te horangapai. Koirā te āhua o Ruatāhuna me ōna pae i ērā tau, he kōhanga āhuru, he whenua houkura. Ka tae ki te kāinga kua noho ki te whakaora i a rātau – whakaora ā-tinana, whakaora ā-wairua. Mēnā kāore rātau i te pakanga, kai te kāinga rātau e whakatipu kai ana, e whakapiki ana i tō rātau mana ohaoha. I ngā wā o Matariki he wānanga te mahi – wānanga tikanga tapu, tikanga tapu kore, he whakakoikoi hoki i a rātau ki ngā tikanga o te pakanga. I a rātau ka hiki i te ara o whakauaua, whā rau kē te tokomaha o te ope taua ka wehe atu i Ruatāhuna. He tau pai ēnei, he tau hua nui.

E whakatakoto ana i te taiao o te wā i waenganui i ngā tau 1826 ki te 1866. He pai te noho a Tūhoe, he āta tau te noho, rangatira ana i ngā mahi ohaoha nō ngā pae o ōna rohe pērā i Rūātoki me Te Waimana. Rangatira ana hoki i te tokomaha haere o te tangata, nō te wā o te āio i whakatipuria ai. Mēnā ka hiki i te ara taua, whakaae katoa ngā hapū, haere katoa rātau. I te ora te tikanga whakaae o te tokomaha. I ēnei huihuinga ka taka te iwi ki tā te tokomaha. Ko te hapū ka wewete i a ia ki waho i tērā whakaaetanga, ka whiua ki te kōrero tauākī e kore e taea te wewete haere ake nei, pērā i te kōrero o te tohu takoto i utaina ki runga i tētahi o ngā hapū o Ruatāhuna, ā, e mau tonu nei ērā kupu. Ahakoa rā, e āhei ana te hapū ki te whakatau i tōna mana motuhake.

Kai roto i tēnei horopaki e mārama ai ngā whakataunga a Tūhoe mō Ōrākau. Kia whakairia ake tērā whakaaro mō tēnei wā. Mā ngā whārangi e whai ake nei e tuia ai tēnei horopaki ki te kaupapa o te tuhinga.

Ngā Here ā-Iwi: Te Tatau Pounamu a Te Purewa rāua ko Tūkōrehu, Te Matakahi, Pūkawa, Tūhoe Pōtiki

Te Purewa

Ko Te Purewa te tuarua o Te Tokotoru a Kōkāmutu, he whānau mana nui ki roto o ngā kōrero rangatira a Tūhoe. Ko te whakahekenga ūkaipō o tōna whakapapa nō roto i a Te Arawa. Ko te ure tārewa nō Tūhoe. Inā ia te whakapapa o Te Tokotoru a Kōkāmutu.

Whakapapa 1: Te Purewa (Te Arawa me Tūhoe)

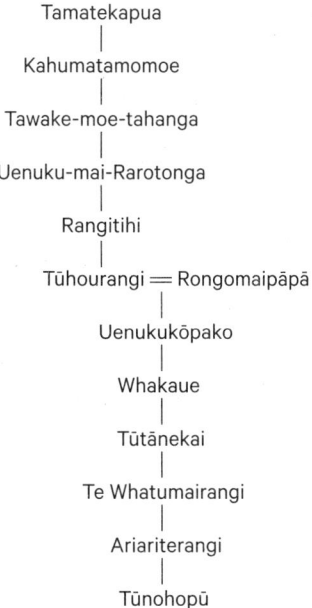

Tamatekapua
|
Kahumatamomoe
|
Tawake-moe-tahanga
|
Uenuku-mai-Rarotonga
|
Rangitihi
|
Tūhourangi = Rongomaipāpā
|
Uenukukōpako
|
Whakaue
|
Tūtānekai
|
Te Whatumairangi
|
Ariariterangi
|
Tūnohopū

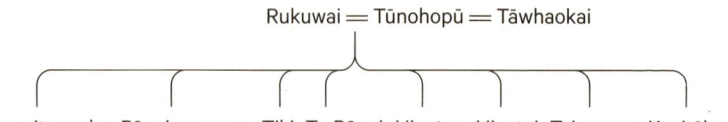

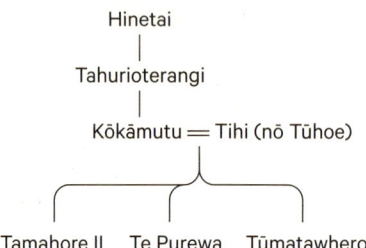

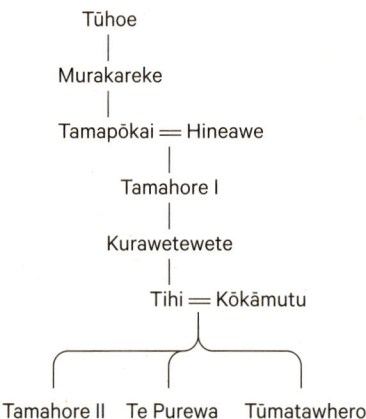

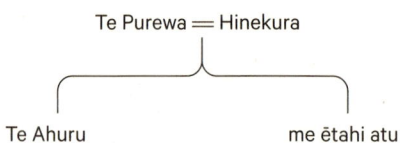

Ka kitea ko Kōkāmutu o Ngāti Whakaue ka moe i a Tihi o Tūhoe me Ngāti Kahungunu ka puta ko Te Tokotoru a Kōkāmutu. Nā te whakahekenga rangatira o Te Arawa ka whakatairangatia ko Kōkāmutu hai whakamaumaharatanga whakahirahira mō tēnei tokotoru, ahakoa he wahine kē a Kōkāmutu. Rātau tokotoru, he tāngata pupuri i te mana o Tūhoe. I te tuakana, i a Tamahore te mana rangatira, ko te pakihiwi kaha i tana taina, i a Te Purewa. Haere tahi ai rātau tokotoru ki te ārahi i ngā ope taua o Tūhoe ahakoa ki hea, ahakoa ki a wai. Nō te matenga o Tamahore, ka taka te mana rangatira ki a Te Purewa ka noho ko rāua ko tana taina, ko Tūmatawhero ngā kaikōkiri i ngā pakanga a Tūhoe. Kāore a Te Purewa e wehi i te tangata, ā, i tōna tino whakapono ki tōna mana kirikawa, he hanganoa ki a ia te haere ki te kōkiri pakanga ko tana kotahi. E mau tonu ana ngā kōrero o ana whawhai tūmatatahi ki ngā toa o ētahi atu iwi, pērā i a Te Rama Apakura o Ngāti Awa, i a Tionga o Te Arawa, me Tūkōrehu o Ngāti Maniapoto. Nā te whawhai tūmatatahi ki a Tionga me tana tuarua, ka mau te kōrero o 'Te ika huirua a Te Purewa' hai kōrero nui mā Tūhoe mō te takoto tahi o ngā tūpāpaku tokorua i te wāhi kotahi i te wā kotahi. E mau tonu nei tērā whakatauākī.

Ka toa ki ana hoariri, ka noho ki te whakatūtū i ngā tatau pounamu inā mutu aua pakanga. Koia tā te toa mahi, he whakatū pakanga, he hanga tatau pounamu i muri tonu iho. Ko te iwi ka toa te kaiwhakatū i ēnei tatau pounamu, kāore e riro mā te iwi i hinga. Nā Te Purewa i whakatū ngā tatau pounamu ki a Ngāti Tūwharetoa i Taupō, ki a Te Arawa i Ruatāhuna, ki a Ngāti Kahungunu i Waikaremoana, ki a Ngāti Awa i Te Teko, ki a Ngāti Pūkeko i Te Awahou. Nōna te mana ki te whenua me ngā hapū mai i Te Waimana ki Ōpōuriao, ki Rūātoki, ki Ōwhakatoro, me Waiohau tae noa ki te awa o Whakatāne. Ko Ruatāhuna te mutunga mai o tōna mana. Mā ōna kāinga maha i te rohe o Tūhoe e tohu te mana o tēnei rangatira ki aua whenua. Ko ia te toa tuatangata katoa, te tipua o Tūhoe i tōna wā tae noa mai ki nāianei, ā, kai te pāorooro tonu tōna rongo ki ngā whāruarua o Tūhoe. Hai tohu i tōna momo whakarihariha ka tāia ko ēnei kōrero.

Ko te tuakana o Te Purewa mā ko Te Ōata. Ka moe i tana wahine, ko Taiparepare te ingoa. Ka pūremu a Taiparepare kātahi ka oma me tana tāne pūremu. Ka whāia e Te Purewa i wehe atu i tana pā kai runga ake o Te Pūtere, i te taha whakararo o te awa o Whakatāne. Kāore i roa e whai ana ka mau atu ki Ōrīpā, ka patua e Te Purewa te mea tāne. Kātahi ka tahuna te ahi, ka kotia mai te ure o te tāne, ka whakamahia a Taiparepare ki te rore ki te ahi. Ka maoa ka kī atu a Te Purewa ki a Taiparepare, 'Anei, e kai'.[2] Koia te whakarihariha o tērā tipuna.

Ahakoa tōna mutunga mai o te whakarihariha, nāna te kupu kia mutu te kai tangata a Tūhoe. Mana tonu atu tērā kupu.

Ki a Tūhoe me ōna hoariri, he atua whakahaehae te rite o Te Purewa, ā, ka mau koirā hai ingoa mōna i tua atu i Te Pakihiwi Kaha o te Huatahi a Kōkāmutu (Te Pourewa rānei). E rima ana wāhine. He tohu anō tērā o te momo rangatira o Te Purewa. Ko te mātāmua o ana tamariki ko Te Ahuru, nā rāua ko tana wahine tuatahi, ko Hinekura te ingoa. Ka mate a Te Purewa ka riro te mana rangatira o te pāpā i a Te Ahuru. Ka whai wāhi a Te Purewa ki ngā kōrero o Ōrākau e whai ake ana.

Peehi Tūkōrehu

Mehemea ko Te Purewa te atua whakahaehae o Tūhoe, ko Peehi Tūkōrehu (Tūkōrehu) tōna taurite o Ngāti Maniapoto, e rua, e rua. Nō Ngāti Paretekawa a Tūkōrehu, he whakahekenga nā Maniapoto rāua ko Te Kanawa kia puta ki a Paretekawa; e rua whakatipuranga mai i a Paretekawa ki a Tūkōrehu. Ko tōna pā kāinga ko Mangatoatoa. Ko ia te mana o tērā takiwā. I roto i ōna ringa te ora, te mate rānei mō te hunga ka haere pokanoa i tōna rohe. Mō te hunga tauhou ki tōna whenua, me mātua haere rawa ki a Tūkōrehu ki te inoi kia whakaaetia rātau ki te haere tonu i tā rātau haere.

Whakapapa 2: Peehi Tūkōrehu

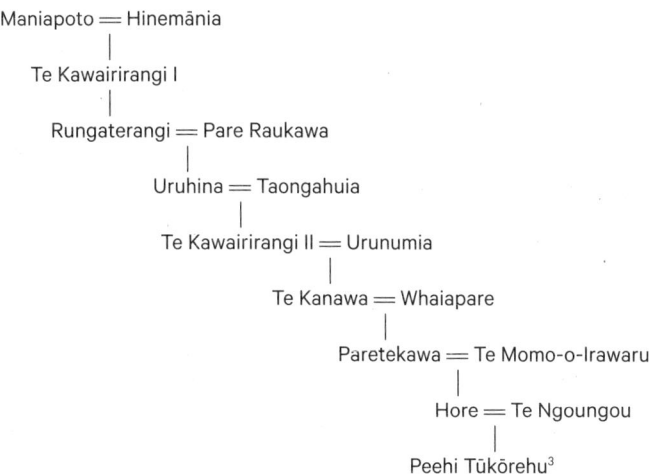

Maniapoto = Hinemānia
|
Te Kawairirangi I
|
Rungaterangi = Pare Raukawa
|
Uruhina = Taongahuia
|
Te Kawairirangi II = Urunumia
|
Te Kanawa = Whaiapare
|
Paretekawa = Te Momo-o-Irawaru
|
Hore = Te Ngoungou
|
Peehi Tūkōrehu[3]

He toa pakanga tēnei tipuna, i āta ākona i ngā whare maire o te riri e ngā tohunga o tōna iwi. Ka mārohirohi, ka hiki i te ara o te pakanga. Tae rawa ki Taranaki pakanga ai i te taha o Te Wherowhero o Waikato. I uru atu hoki ia ki te taua a Te Kawau o Ngāti Whātua, ki te ope taua e mōhiotia ana ko Āmiowhenua. Ko Te Whanganui-a-Tara tētahi o ngā wāhi i pakanga ai a Tūkōrehu. Kitea rawatia ake kua tae ki roto o Tūranga ki te pakanga ki a Rongowhakaata. He toa pakanga tēnei,[4] ehara noa te roa o te whenua i te kaupapa uaua, hai pupuri i a Tūkōrehu ki te kāinga. He tangata hīkaka ki te utu i ana mate, ki te whakatairanga me te pupuri i te mana o tana iwi.

I a ia e haere ana ki te whakatū pakanga ki ngā iwi o Te Tai Rāwhiti, ka poka mā Te Whāiti haere ai. Ko te rohe tēnei o Te Purewa. Ehara, ka aukotia e te nui o Te Purewa. Ka noho te tokorua rā me ā rāua taua ki reira whakatumatuma ai tētahi ki tētahi, moumou kariri ai ki te takiwā.

Otirā ko te take i kore ai e pakanga, he ōrite nō te nui o ā rāua pū. Ka tau tā rāua kōrero me whawhai tūmatatahi ngā rangatira o ia ope – a Te Purewa rāua ko Tūkōrehu – he taiaha ngā rākau. Ana, kātahi ngā toa rā ka mahi i tā rāua mahi, ko te pakō anake o te taiaha ki te taiaha, te whakahaha a te kaiwhiu me te kaikaro e rangona ana i tua atu i ngā hurō me ngā whakahauhau a ngā ope taua e rua.

Te mutunga iho, ka pau ngā hau o ngā toa nei, kāore tētahi i whara i tētahi, kāore he toto i heke. I purō[5] noa iho. Ka whakatūria te rongo tatau pounamu i waenganui i a rāua, me te oati haere ake nei e kore rāua e pakanga anō, engari ki te rere te karanga a tētahi ki tētahi, me whakaū. Nā, ka herea tērā whakataunga mā te whakawhiti taonga, ā, ka tau.

Koirā ngā mātāpono here i te tatau pounamu i waenganui i a Te Purewa rāua ko Tūkōrehu, ā, nō te tau 1864 ka whakamātauria taua whakataunga.

Te Kōrero o te Matakahi

Nō te tau 1850 ka tae te taua o Ngāti Maru ki Whirinaki ki te patu i a Ngāti Manawa. Ko te take o te haere he utu i te hara ringa raweke o tētahi o ngā tāngata o Ngāti Manawa. Ākene pea nō te wā i mua atu, ka haere a Ngāti Manawa i raro i a Harehare rāua ko Unuhia ki Hauraki ki te hoko pū.[6] Ka riro mai ngā pū ka taki hoki. Nō muri ka kitea kua kamua tētahi toki i tētahi o ngā toma tūpāpaku o Ngāti Maru. Tere tonu te whakapae nā Ngāti Manawa i whānako. Ka whakaarahia te taua i raro i a Taraia, kātahi ka rangatū ki te patu i a Ngāti Manawa mō tērā mahi raweke. Ka rongo a Ngāti Manawa e haere atu ana te mate, ka tukua ngā karere kia haere ki a Tūhoe me ōna hapū kia tere mai hai hoa pakanga ki a Ngāti Maru. Nō Ruatāhuna, nō Waikaremoana, nō Te Waimana, nō Rūātoki ngā hapū mau pū i rere atu i te pō ki te utu i te karanga a Ngāti Manawa. Ao rawa ake, kua tae ngā kairākau o Ruatāhuna. Ehara, ko

Ngāti Maru e whakaeke ana. He pū ā Ngāti Maru, he pū ā Tūhoe rātau ko Ngāti Manawa me Ngāti Hineuru. Kāore i pakū ngā pū, engari i pakū ngā māngai, he kupu ngā kariri; ā Ngāti Maru ki a Tūhoe, ā Tūhoe ki a Ngāti Maru. Ki a Tūhoe hoki he takahi mana te whakaeke a Ngāti Maru ki runga o Ngāti Manawa. Nō konei i puta ai te kōrero o te matakahi e mau tonu nei ki roto o Tūhoe. Ka kite atu a Taraia i te tokomaha o ngā ope taua o ia iwi e tū mai rā ki te pakanga ki a ia, ka rere te kōrero, 'Ahakoa he iti te matakahi, ka pakaru i a au te tōtara'. Ahakoa he iti ake tōna ope o Ngāti Maru me te nui o ngā taua o Tūhoe me ōna apataki, ka toa a Ngāti Maru inā pakanga rātau. Ko te utu a Wepiha, 'Āe, me he mākohe. Tēnā he pū peka kai roto, e kore e pakaru i a koe'.[7] Ko tērā kōrero e kī ana, mēnā he torekaihuruhuru noa ngā kairākau o Tūhoe me ana apataki, ka toa a Ngāti Maru. Engari mēnā he ika-a-Whiro ngā kairākau, e kore e toa. Koia te tikanga o te pū peka[8] i whakahuatia e Wepiha.

Mimiti noa iho te hiahia ki te riri. Ka whakatūtia te tatau pounamu i waenganui i a Ngāti Maru me Tūhoe. Ko ngā here he rite anō ki ngā here i waenganui i a Te Purewa rāua ko Tūkōrehu. Ka noho koinei tētahi o ngā hononga o Tūhoe ki a Tainui.

Pūkawa

Ko te here a Tūhoe i te taura ki te niu i Pūkawa tētahi kōrero whai hua. Koia te hononga o ngā maunga o Tūhoe ki a Tongariro, ā, he hononga hoki tēnei ki te Kīngitanga o Waikato. Ko te tau 1856 tērā. He hononga anō tēnei ki te raruraru e ara ake ana i roto o Ngāti Maniapoto. Koinei hoki tētahi o ngā kōrero i whakatakotohia e Piripi Te Heuheu i Ruatāhuna i a ia e whakaaraara ana i a Tūhoe kia haere ki te pakanga i te uru i te mea kua herea e rātau te taura ki Tongariro. Me haere rātau o Tūhoe ki te āwhina i tētahi o ngā iwi i here taura ki Tongariro.

Tūhoe Pōtiki

Engari i mua noa atu i ēnei hononga, ko te hononga o Tūhoe tipuna ki a Waikato me Tainui.

Ka moe a Tamateakitehuatahi – mokopuna a Toroa – i a Paewhiti, ka puta tokotoru ngā tama. Koia rātau ko Ueimua tō mua, kia rere ki muri ko Tānemoeahi, kia rere ki muri ko Tūhoe Pōtiki. Koinei ngā mea tāne. I muri i a Tūhoe ko Uenukurauiri, he wahine, engari he pāpā kē. Ka pakeke ngā tama a Paewhiti ka tipu ake he pakanga i waenganui i a rātau. Mēnā ka wetewetehia ngā kōrero kia noho ko ngā kōiwi anake, ka kitea ko te mana te take o te pakanga, ko te kaiponutia o te mana e te tuakana, kāore e whakahekea he mana ki ngā tāina. Ka mutu, ko te tikanga rā hoki, ko te mahi a te tuakana he tāwharau i te taina; ko te mahi a te taina he rānaki i ngā mate o te tuakana. Ki te kore te tuakana e whai whakaaro ki te taina mā te tuku mana ki a ia i ngā kaupapa e tika ana, ka taka te wā e uru ai te tuakana ki te raruraru, huri rawa ake ki te taina hai ringa āwhina mōna, kua hurihia mai e te taina tōna tuarā. Kāore i tutuki i Te Tokotoru a Paewhiti te ihomatua o tērā ihopūmanawa. Noho ana ko Te Tokotoru a Kōkāmutu te ihopūmanawa o tērā ihomatua i te pai o Tamahore ki te manaaki i a Te Purewa rāua ko Tūmatawhero, me te tahuri o ngā tāina ki te utu i te mate o Tamahore.

Nā, i pērā te pakanga i waenganui i a Ueimua me ana tāina, a Tānemoeahi rāua ko Tūhoe. Ko Tūhoe te kaitahutahu i te ahi ki tō rāua tuakana, ka rere a Tānemoeahi hai hoa mōna, ka tahuri ki tō rāua tuakana. Ka patua e Tūhoe a Ueimua, kainga rawatia te manawa. He pērā rawa te kino i waenganui i a rātau.

Ka tipu te whakaaro mauāhara i roto i ngā uri o Ueimua ki te utu i tōna mate i te mea he kino rawa tōna matenga, ā, me utu i te wā tonu e ora ana a Tūhoe. Ka kite a Tūhoe ki te noho tonu ia ki roto o Ōwhakatoro me Rūātoki me te rohe o Mātaatua, e taka te wā ka kainga ia e Ngāti Awa, ngā uri o tana tuakana, o Ueimua. Ka hūnuku a Tānemoeahi ki

Te Tai Rāwhiti, mate atu ki reira.⁹ Ko Tūhoe i hūnuku ki Waikato ki te taha o tōna pāpara, o Māhanga noho ai. Ko Māhanga te tungāne ō Paewhiti, nāna nei ko Tūhoe tipuna. I Waikato ka moe i tana wahine, i a Te Ata.¹⁰ I mate atu a Tūhoe ki roto o Tainui, ā, kai Waiharakeke i Kāwhia e tāpuke ana. Nā ēnei hononga i kī ai a Te Mākarini Te Waru o Te Waimana, he uri a Rewi Maniapoto nō Tūhoe.¹¹ Me tana kī anō, koinei ngā here i waenganui i a Tūhoe rāua ko Ngāti Maniapoto, e kore e warewaretia i ngā tau 1863 ki te 1864.¹² Ka whakatakoto ake i ēnei kupu hai tohu i te takoto mai o Tūhoe tipuna ki Waiharakeke.

> Tiwhaia te korowai horihori o Te Rangimoaho
> Ki uta, ki tai, ki te Rāwhiti,
> Ki a Tūhoe e moe mai rā i te harakeke.
> Ka tū noa, ka rarau noa, ka hurihuri noa, ka rarapu noa,
> Kai whea rā he taunga mō te waewae?¹³

Hai whakaoti i tēnei wāhanga, ka kitea ngā hononga i whakatūria e ngā rangatira o ōna rā. Taihoa ka kitea pēhea rawa te kaha o ērā hono.

Te Rongo o te Pakanga ki Waikato

Ahakoa te noho mai o Tūhoe i roto i te tāwharau o te ngahere o Te Urewera, i te tino mōhio rātau ki ngā nekeneke o te ao i waho atu i tō rātau rohe. Kua tae atu te rongo ki a rātau mō te riri e whakatata haere rā ki roto o Waikato, i te hiakai o te Pākehā ki ngā whenua mōmona o tērā iwi. Ahakoa te tawhiti atu o te riri i tō rātau kāinga, i Te Urewera, i te whaiwhai haere rātau i ngā kōrero. He wā kua puta atu he kōrero nā te karere i kawe atu. Koinei rātau i mōhio ai ki ngā nekeneke a te kāwanatanga me ngā nekeneke a Waikato. I rongo hoki rātau mō Rangiriri me te wikitōria nukarau o te kāwanatanga i hinga ai a Rangiriri. Ka noho tēnei hai take kōrerorero mā rātau, ā, ngana tonu rātau ki te whaiwhai i te rongo o te pakanga ki Waikato.

Whāia, ka tae atu a Rewi ki a Tūhoe i te tau 1862 ki te kōrero, tērā ka tū he pakanga ki te kāwanatanga, ā, ākene pea, ka tae atu te tono kia haere atu a Tūhoe ki te āwhina i a Ngāti Maniapoto me te Kīngitanga ki te ārai atu i te Pākehā me tōna mana. E mārama ana a Tūhoe ki te haere atu o Rewi Maniapoto, arā, e āmio ana ki ana apataki i runga i ngā whakataunga a ngā rangatira o mua atu pērā i a Te Purewa rāua ko Tūkōrehu.

I whakarongo ngā rangatira o Tūhoe – i Ruatāhuna e noho ana – ki te kōrero a Rewi Maniapoto. Ko te kapo anake o ngā ringa, ko te tungou o ngā upoko ki te tono a Rewi kia noho mataara rātau. Ka mahue iho te kōrero a Rewi ka hoki ki tōna whenua. I tae hoki ia ki a Ngāti Manawa rāua ko Ngāti Whare. He pērā anō te kōrero a ērā o ngā iwi; kua rongo rātau i te kōrero, waiho mai mā te wā e kitea ai ka pēhea.

Ka taka ki a Pēpuere o te tau 1864 ka hoki mai anō a Rewi ki Ruatāhuna ki te kōrero kua tae atu te ope Pākehā ki tōna rohe, me haere a Tūhoe ki te whakaū i tā rātau i tāmiro ai i te tau 1862. Kāore e taea te whakatau i te tono a Rewi, nā te mea kai ōna pā maha o tōna rohe a Tūhoe e nohonoho ana. Kāore e taea e ngā rangatira o Ruatāhuna te kōrero mō te katoa, engari me karanga he hui mā ngā rangatira o Tūhoe ki te kōrero i te tono a Rewi kia haere atu he ope taua ki te āwhina i a Ngāti Maniapoto me te Kīngitanga.

Nō ngā rā rawa o muri mai, ka whakaupa ngā rangatira o Tūhoe ki Ruatāhuna, ko te pā o Paerau Te Rangikaitupuake i Ōpūtao, te pā o te hui. Mai i Maungapōhatu, ko Piripi Te Heuheu, ko Kererū Te Pukenui, ko Tūtakangahau ngā rangatira; mai i Rūātoki ko Te Ahikaiata, ko Te Ahoaho; ko Rakuraku rātau ko Tamaikōhā, ko Mākarini Te Waru ngā rangatira o Te Waimana; ko Mākarini Tamarau rāua ko Horopāpera o Waikaremoana; ko ngā rangatira o Ruatāhuna ko Te Whenuanui, ko Paerau Te Rangikaitupuake, ko Pareihe, ko Penetiti, ko Tāpiki. Nā, ka hui ki te kōrero i te tono a Rewi i ngā rā o mua atu.

Ko te rangatira kaha ki te kōkiri i te kōrero kia haere a Tūhoe ki te whakatutuki i te tono a Rewi, ko Piripi Te Heuheu. E haere tonu ana ia ki Waikato engari ka tūpono ki te hui i Ōpūtao, ka noho ki te whakaaraara i a Tūhoe kia whai i a ia. Ka kōrero mō ngā hononga o Tūhoe ki a Waikato, mai i a Tūhoe tipuna, ki a Te Purewa rāua ko Tūkōrehu, ki te tatau pounamu a Taraia, ā, tae noa ki te hononga o ngā maunga o Te Urewera ki a Tongariro i Pūkawa i te tau 1856. Ka haka i ngā haka o te riri,[1] hai whakahīkaka i a Tūhoe kia taka ki tāna kupu. Kai runga ko Te Ahoaho o Rūātoki, ka kī kia waiho atu te riri ki tawhiti, ko tā Tūhoe he noho ki te 'tāwharau i a Mātaatua', arā, me noho ki te tiaki i te whenua kāore anō nei kia tū te pakanga ki taua whenua mō te whā tekau tau. Engari ki te tae mai te pakanga ki te rohe o Tūhoe, kātahi nā ka whawhai. Ko Te Whenuanui ka tū ka tautoko i tā Te Ahoaho. Nā, ka riro te nuinga o Tūhoe ki tā rāua kōrero. E ai ki a Paitini,[2] tū ana ko Piripi Te Heuheu me tana kotahi.

He kōrero nui tēnei, te kore o te tokomaha o Tūhoe e tautoko kia haere ki te pakanga me te tū kotahi o Piripi Te Heuheu. Ahakoa ngā tatau pounamu o ngā hia tekau tau o mua atu ki ngā rangatira mana nui o Maniapoto me Tainui, ahakoa a Pūkawa, ahakoa te hononga o Tūhoe tipuna, mārama ana te kitea he whakatipuranga hou tēnei, kāore rātau e riro i ngā whakataunga a ngā rangatira o ngā reanga o mua atu i a rātau. Ko rātau ngā rangatira o tō rātau nā wā, ka whakatau rātau i runga i te tika e ai ki tā rātau i kite ai. Kāore e pai kia herea rātau ki ngā whakataunga o mua rawa atu, i te mea he rerekē te horopaki o ērā tatau pounamu. Ko wai e moemoeā ka ara ake he hoa pakanga pērā te taikaha i te Pākehā? Pai kē te noho a te iwi ki te kāinga ki te tāwharau i te whenua, kaua e haere ki te whakapoapoa i te mate. Koia te horopaki o te kore o te tokomaha e whakaae ki te haere. Me te maumahara anō, i aua rā, e hiki ana a Tūhoe i te ara o te pakanga, whā rau kē te tokomaha o ngā taua.

Ka mōhio a Piripi, e kore te nui o Tūhoe e ara, ka kī, kāti ko ia ka haere ahakoa tana kotahi. Ka pā te pōuri ki a Piripi i te kore o Tūhoe e ara. Engari kua whakahuatia te take i kore ai a Tūhoe e ara. Tuarua, ko Piripi he taha rua; nō Ngāti Tūwharetoa tōna ure tārewa, nō Tūhoe tōna ūkaipō. He tama a ia nā Herea Te Heuheu, te tuatahi o te kāhui ariki o Te Heuheu. Ka whakamoea ki a Te Waiarumia o Tūhoe hai pākūhā here i te tatau pounamu i waenganui i a Tūhoe rāua ko Ngāti Tūwharetoa i muri o te pakanga i Ōrona. Ko Te Waiarumia te tuawhā, te tuaiwa rānei o ngā wāhine a Herea. Ka noho a Te Waiarumia hai take ngutungutu mā ētahi o ngā wāhine nei. Ko te wahine matua a Herea te mea tino kino rawa atu, ā, nāwai rā, kua kore e taea e Te Waiarumia te kuku i tōna pōuri. Ka haere ki te kōrero ki a Herea. Ka aroha a Herea, ka whakahokia a Te Waiarumia ki Ruatāhuna, ki Maungapōhatu. Kua hapū a Te Waiarumia i taua wā. Ka kī atu a Herea, 'Ki te whānau tā tāua tamaiti he tāne, tapaina ki a au. Me he wahine, kai a koe te tikanga'.[3]

Nā, ka whānau he tāne, ka tapaina ki a Piripi Te Heuheu. Ka kitea, taketake nō Maungapōhatu a Piripi Te Heuheu. Ka pakeke, ka whakamoea ki a Animiraka, tamāhine a Te Umuariki, ka hono ngā whare ariki e rua.

Ka wehe atu a Piripi Te Heuheu. Kāore ia i haere ko tana kotahi. Kāo, he rōpū rangatira mārika i whai i a ia, te momo i a Paerau Te Rangikaitupuake o Ngāti Kākahutāpiki, i a Pareihe o Ngāti Manunui, i a Mākarini Tamarau o Waikaremoana me Ngāi Te Riu, i a Te Waru o Ngāti Hinaanga. Koinei ngā rangatira i wehe atu i te taha o Piripi Te Heuheu. Ka whai hoki a Penetiti rāua ko Tāpiki. Ko rāua ngā tohunga o te taua. Ka ora te mauri o Piripi, ka ora tōna mana. Ko te kōrero a ngā kaituhi o muri nei, i āta kōrerohia e Tūhoe kia tukua he rōpū iti noa hai whakatau i te tono a Rewi. Engari kāore i pērā te kōrero a Tūhoe. Ki tā Paitini, i haere rātau i runga i tō rātau hiahia ki te haere ahakoa te kīia atu kia kaua e haere. Nā te hiahia tonu o tēnā, o tēnā ki te haere i haere ai. Ehara i te mea i tohua rātau. Ka mutu, ka whakaaro te tangata ki te haere, ka haere hoki ngā whanaunga tata ki te awhi i te mea e rika rā ki te haere. Koirā i haere ā-whānau ai, pērā i te whānau o Paitini. Ko te pāpā i kī e haere ana ia, ka whai a Paitini rāua ko tana tuakana a Paora i tō rāua pāpā. He pērā anō a Pareihe, ka haere ia, ka whai a Paraki rāua ko Hākopa, ngā whanaunga tata o Pareihe. Nō te wā tonu i kī ai a Piripi e haere ana ia, i whakaaro ai te tangata ki te whai i a ia. Kāore i āta whakaarohia. Ki te kore hoki e takatū wawe, ka mahue i a Piripi ki muri. He wā poto e whakatikatika ana, ka haere. He pērā te tere o te whakaaro o ia tangata kia haere ia.

Nā te kaikā o te haere a ngā tāngata o Tūhoe ki Ōrākau i haere ā-whānau ai, kāore i haere ā-hapū. Āe, he rōpū nō Tūhoe, engari ehara ko te iwi tēnei i haere nei. I noho te iwi ki te kāinga i runga i te kōrero a Te Ahoaho rāua ko Te Whenuanui kia noho a Tūhoe ki te tāwharau i a Mātaatua me ngā whenua o Tūhoe. Ko ētahi i haere i runga i ngā here a ngā rangatira me ngā hononga o mua. Ka taka a Mākarini Te Waru ki raro i tēnei kōrero. E haere ana i runga i ngā hono tātai whakapapa ki a Tainui. He pērā anō a Mākarini Tamarau, he rangatira whakapapa tēnei, e mōhio ana ki ngā kōrero hono i a Tūhoe tipuna ki a Waikato. Kua tau kē ngā whakaaro o ēnei rangatira ki te haere. Nā, ka taki wehe atu i Ruatāhuna, ka whai i a Piripi Te Heuheu.

Ahakoa te iti o te taua, he nui ngā ika-a-Whiro, ngā toa kua rongo i te nguha o te pakanga, i roto i te taua a Piripi Te Heuheu.

Te Whenuanui Te Umuariki

Hai tīmata i tēnei upoko ka horaina te horopaki i tū ai a Te Whenuanui hai rangatira nui mō Tūhoe. Ko Te Umuariki te whare ariki o Tūhoe.[1] Ko ia anake te rangatira o Tūhoe i āhei ai te whakairi i te kōrero o te ariki. Ko tōna pāpā ko Takahi. Mō tōna kaha ki te pupuri i te mana o Tūhoe ki runga o Waikaremoana i ngā pakanga ki a Ngāti Ruapani me Ngāti Kahungunu ka kīia a Takahi ko 'Te Whare o te Kahikatoa'.[2] Ka whakaritea ki ngā kahikatoa – he momo mānuka – e tipu ana i ngā pāpāringa o taua moana. Nā te mārō o te kahikatoa ka meinga hai mahi i ngā rākau o te riri pērā i te taiaha, i te tewhatewha, me te patu. Ko te māmā o Te Umuariki ko Taumutu, he uri nō Toroa.

Whakapapa 3: Te Arohana ki a Te Umuariki

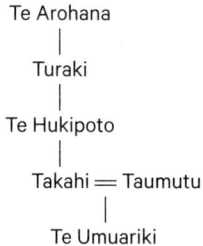

Whakapapa 4: Toroa ki a Te Umuariki

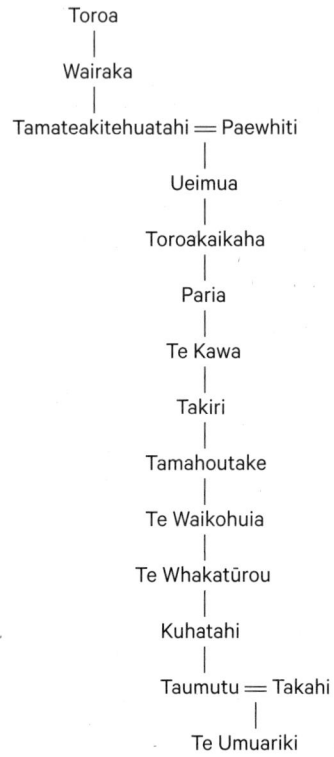

Ka moe a Te Umuariki i tana wahine tuatahi, ko Hinepau tōna ingoa. Nō tēnei aitanga ka puta ngā rangatira nui o Tūhoe pērā i a Te Aukihingarae, nāna ko Paora Te Au. Ko Paora Te Au te rangatira i whakaae ai a Mātaatua katoa, ko ia e tika ana hai kīngi Māori i te wā e huri ana te ope kimi i te rangatira whakapapa nui mō tērā tūranga. I Pōhaturoa i Whakatāne, e whakaingoatia ana a Paora[3] e ngā iwi katoa o Mātaatua. Nō konei i mau ai te ingoa Kīngi hai ingoa tuarua mō Paora.[4] Ko te tau 1854 tērā.[5]

Nō ngā tau o mua rawa atu i tino puta ai te rongo o Paora. Ko te tau 1829 tēnei. Kua mate te ariki o Tūhoe, a Te Umuariki, nā Ngāti Konohi i patu i waho atu o Whāngārā i Te Tai Rāwhiti. Ka whakaaratia e Paora a Mātaatua katoa ki te rānaki i te mate o tana koroua, o Te Umuariki. Ara katoa – a Tūhoe, a Ngāti Awa, a Ngāi Te Rangi, a Te Whakatōhea, a Te Whānau-a-Apanui. Whakaupa katoa ki Te Waimana. Kātahi ka topea te tōtara nui o taua kāinga hai waka kawe i te kāhui rangatira o ngā iwi nei ki te karawhiu i a Ngāti Konohi. Ka oti ka ingoatia ko Te Tōtara-o-Huiarau, mō te aha te take, aua? Ka whakaterea te waka i te awa o Tauranga kia puta ki te awa o Ōhinemataroa, kātahi ka hoea ki Whakatāne. Te taenga ki reira, ka puta te kupu teitei a Paora Te Au, 'I te mea kua kotahi katoa a Mātaatua ki te rānaki i te mate o taku tipuna koroua, kua ea te mate o Te Umuariki. Ko tāku kia tāwharautia a Mātaatua'.[6] Ko tēnei kotahitanga te tohu o te whakaaro nui o ngā iwi o Mātaatua ki a Te Umuariki rāua ko Paora. Ka hoki tēnā iwi ki tōna rohe, tēnā ki tōna, ka haere te ope o Paora ki te hohou i te rongo ki a Ngāti Konohi. Ka katia te tatau pounamu i kīia ai ko Te Here o te Whetū, Te Here o te Marama.[7] Mā ngā kupu tonu o te tatau pounamu nei e tohu tōna tikanga.

Kore hoki i pērā te kotahi o Mātaatua mai anō kia tae rawa ki te wā i haere ai a Mātaatua ki te whakatuwheratanga o *Te Māori* i te Whare Toi o Tāmaki.[8] Hāunga i muri mai, e hia whakakotahitanga o Mātaatua.

Hai whakatepe i te horopaki o Te Umuariki rāua ko Paora, ko te kōrero nui ki roto o Tūhoe me Mātaatua whānui ko te kupu a Paora Kīngi. Ko taua kōrero e kī ana kia karapotia a Mātaatua i te riri me ngā uauatanga ka tūpono te ara ake. Ka noho tēnei kōrero hai whakatauākī whakairinga atu mā ngā rangatira o Tūhoe i ō rātau whakaaro me ā rātau whakataunga mō te kaupapa o te tono a Rewi Maniapoto. Taihoa ka kitea. Kāti ngā kōrero mō Paora Kīngi te tuatahi i te mea kua mate kē ia i te pakanga o Ōrākau.

Te Whenuanui

Ka moe a Te Umuariki i tana punarua, i a Tīkina ka puta ko Te Whenuanui te hua. Ko tētahi o ana ingoa ko Ngākōrau, ko Kōrau rānei. Engari ko te ingoa e mōhiotia ana ko Te Whenuanui. Ka moe a Te Whenuanui i a Te Akiu[9] Pouwhenua, he mokopuna nā Te Ngahuru. Tokotoru ā rāua tamariki; ko Te Haka (Te Whenuanui II), ko Te Mauniko, ko Hinepau te whakapākanga.

Ko te rongo o Te Whenuanui i tipu tuatahi mai i te pakanga ki Ōrākau i te tau 1864. Ko ia tētahi o ngā rangatira kāore i tautoko i te kōrero kia haere a Tūhoe ki te whakatinana i te inoi a Rewi Maniapoto. Ko tāna ko te mau tonu ki te kōrero a tana tamaiti, a Paora Kīngi, kia tāwharautia a Mātaatua. Ko rāua ko Te Ahoaho o Rūātoki – tama a Te Ngahuru – te tokorua i kaha ki te kōrero kia kaua a Tūhoe e haere ki Ōrākau. He mana te kupu a Te Ahoaho[10] rāua ko Te Whenuanui. Ka taka te nuinga o ngā rangatira me ngā hapū o Tūhoe ki tā rāua i whakatau ai; kaua e haere ki Ōrākau, me noho i raro i te kōrero tāwharau. Waiho atu te pakanga ki tawhiti, he aha hoki te hua o te haere ki te whakatete ki te kaha o te Pākehā, kai tawhiti noa atu rā e pakanga ana. Engari ki te tae mai te Pākehā me tana pakanga ki te rohe o Tūhoe, kātahi nā ka huakina te riri.

Kai te taha e tohe ana ki te haere ki Ōrākau, ko te taokete o Te Whenuanui, ko Piripi Te Heuheu, i moe i te tuahine o Te Whenuanui, i a Animiraka.[11] Ka tohe ia ki te huihuinga o Tūhoe kia haere a Tūhoe katoa. Ka hukea ake ngā kōrero o te taenga atu o Rewi Maniapoto e rua tau i mua atu[12] me te haerenga tuarua atu o taua rangatira i ngā rā i mua tata atu o te hui i Ōpūtao, ki te whakaaraara i a Tūhoe kia haere atu hai haumi apataki ki te ārai atu i te Pākehā i ōna rohe o Ngāti Maniapoto. Engari, mau ana te nuinga o ngā rangatira kia kaua e haere. Me noho ki te titiro ka aha rā te pakanga e ari mai ana i te uru.

He take uaua tērā mā ngā rangatira o Tūhoe i te mea, he hua kai roto i te haere, he hua anō hoki kai roto i te noho. Nā te kupu a Te Whenuanui rāua ko Te Ahoaho ka tau te kōrero kia kaua a Tūhoe e haere. Ehara tēnei i tā Piripi i hiahia ai. Ko tōna hiahia kia ara a Tūhoe katoa. Engari kua kōrero a Tūhoe. Mārama ana tō rātau kore e hiahia ki te haere ki Ōrākau. Kāore i kaha te tō a ngā kōrero o te tatau pounamu i waenganui i a Te Purewa rāua ko Tūkōrehu, rangatira o Ngāti Paretekawa, pāpā whakaangi o Rewi Maniapoto. He nui ake te mana o tērā tatau pounamu ki a Ngāti Maniapoto tēnā ki a Tūhoe. Mēnā hoki i mana ki a Tūhoe, kua ara te taua 400 te tokomaha. I ngā tau i waenganui i te 1826 ki te 1864, he māmā noa te whakaara i te taua 400 te tokomaha nā te mea e kotahi katoa ana te whakaaro o ngā rangatira me ngā hapū o Tūhoe. Taka rawa ki te tono a Rewi, kāore ngā rangatira i tautoko. Tino ko Piripi e tohe ana i tana tohe.

Ka wehe atu a Piripi Te Heuheu me tana ope.

Nō muri, ka mānenei a Te Whenuanui. Nō te whare o Te Umuariki a ia. I a ia te whakapapa nui. Ko ia e noho i te kāinga, ko ōna karawa e haere ki te pakanga? Ka noho tērā hai whakararuraru i ōna whakaaro – me noho, me haere rānei? Ki te noho ia, ākene ko te mate tara-ā-whare hai matenga mōna, kāore ko te mate rangatira o te toa. Āe, nā tāna kupu ka noho te nui o Tūhoe, kāore i haere. Arā atu anō te roanga o te whakaaro, he take tōrangapū, he take mana rangatira. Nā tōna taokete, nā Piripi Te Heuheu te tohe kia haere a Tūhoe katoa ki Ōrākau. Ko te mate, nō Tūwharetoa tētahi wāhanga o te whakapapa o Piripi, ā, ahakoa tana tātai ariki here i a ia ki te whare ariki o Te Heuheu, ko Te Whenuanui anō te mana ki roto o Tūhoe. Kāore e pai mā Piripi e whakaaraara te iwi o Te Whenuanui.

Tuarua, kua wehe atu rā a Piripi, he mate kē hoki ka ara ake hai kōmutumutu i te ahi o ngākaurua e mura rā i roto i a Te Whenuanui. Ka pēhea mēnā ka toa a Piripi me tana taua? Ko Piripi ka mate rangatira, ko Te Whenuanui ka mate tara-ā-whare? Ka mutu, nāna, nā Te Whenuanui, i whakahē te haere a Tūhoe ki Ōrākau?

Nā, ka noho mai ko Paerau Te Rangikaitupuake ki ngā whakaaro o Te Whenuanui, kātahi ka kaha kē atu te mura o te ahi o mānenei ki roto i a ia. Ko Paerau tētahi o ngā rangatira tūranga teitei o Ruatāhuna, ko Te Whenuanui anake kai runga atu i a ia. Ko Paerau te rangatira o te pā kāinga i Ōpūtao i ērā wā.[13] Ko rāua ko Te Whenuanui ngā rangatira nui o Ruatāhuna. He ika-a-Whiro a Paerau, e hia pakanga kua pakangatia e ia. He tangata mōhio, he pakihiwi kaha. Ka mutu, ko Paerau te pou whirinaki o Te Whenuanui, tōna kaitohutohu i te mea, he tamariki ake a Te Whenuanui i a Paerau. Kāore anō kia pērā ōna wheako i ō te ika-a-Whiro rā. Ka haere ai tōna kaitohutohu i te taha o Piripi, kāore i noho ki tōna taha? He kōrero nui kai roto i tērā.

Nā te taumaha o ēnei kaupapa ka tau te whakaaro o Te Whenuanui me haere, kai eketia e te kōrero tohu takoto e kore e taea te wewete haere ake nei. Ka hopu i tana hōiho, ka whakarite i ngā ō o te haere, ka mau ki tana pū me ana rākau o te riri ka whakarite ki te whai i te ope a Piripi rāua ko Paerau.

Kāore a Te Whenuanui i haere ko tana kotahi. He taua anō tāna, he tokoiti ake i te taua o te upoko i whai rā i a Piripi rāua ko Paerau. Ka mau atu te upoko ki Aratītaha, kāore i tawhiti mai i Maungatautari. I reira ka noho ki te hora i te marino, i te mea nā Te Whenuanui i whakahau a Tūhoe kia kaua e haere ki Ōrākau. Ka noho kia mutu te rere o ngā whakaparahako me ngā werowero a Piripi mā. Ahakoa i whiua mai te kupu taumaha a ngā rangatira o te ope o Piripi ki a Te Whenuanui, inā kē tō rātau manawa reka i te hononga atu o Te Whenuanui me tōna ope. Ko Paerau te rangatira i tino koa i te hononga atu o tana ākonga. Ko ia te rangatira i tū ki te wawao i ngā taunu a ētahi, nāna hoki i hora te kupu o te kōrero whakanui i a Te Whenuanui.

Ka kotahi te ope katoa, Tūhoe mai, iwi kē atu. Ko Ngāti Whare i raro i ōna rangatira, ko Hāpurona Kohi tētahi, he toa ika-a-Whiro. Tata ki te rua tekau te ope o Ngāti Whare me ētahi atu iwi. Iti iho a Ngāti

Manawa i raro i ōna rangatira, i a Peita mā. Engari ka whakakotahi ki ō Ruatāhuna toa, ka eke tō rātau tokomaha ki te rautakitahi, kāore i eke ki te hokowhitu.[14] Ka mutu, kai tērā kupu te takitahi o te ope nei, hai whakarite mō tō rātau haere ā-whānau. Ko te rau kai roto i te kupu rautakitahi, te whakamōmonatanga i tō rātau tokoiti. E rima tekau noa rātau i tō rātau ope taua, nā ngā apataki o Ruakituri, o Ngāti Whare me Ngāti Manawa i eke ai ki te rima tekau.

Ka kotahi te Rautakitahi, ā, i te takanga o te pō ka whakahaere karakia mō rātau. Ko Penetiti rāua ko Tāpiki ngā tohunga whakahaere. Ka oti ka whakatakoto i ā rātau rautaki mō te pakanga. Te otinga ka tonoa ngā toro, kia haere ki te tiki i a Rewi Maniapoto kia pai ai te whakakotahi i ngā rautaki e rua, i tā Rewi, i tā te Rautakitahi.

Ka poupou te rā, ka puta atu a Rewi me ana rangatira. Ka mutu ngā whakatūtū waewae me ngā whaikōrero mihi ki a Rewi me ana rangatira, ka tū a Rewi ka whakautu i ngā mihi kātahi ka tukua tana kupu: 'Tūhoe, e hoki. Kua kite ahau i ngā tohu, ehara i te tohu pai, ko te mate mō tātau inā tohe tonu tātau. E hoki.'

He aha hoki i pēnei ai te kōrero a Rewi? I roto i ngā kōrero a ngā whakatipuranga o Tūhoe i muri mai o Ōrākau, koirā te kōrero a Rewi e mau ana, 'Tūhoe, e hoki'. E mau ana tērā kōrero ki te ngākau, he mea tuku haere iho, ā, ka tae mai ki tō mātau whakatipuranga. Engari kāore tērā kōrero i tuhia e ngā kaituhi Pākehā mai i a Te Peehi ki a Tōmairangi rāua ko O'Malley.

Kātahi te rangatira rā ka waiata i tana matakite.

Tokotokona nā te hau tāwaho koi toko atu
I kite ai au i Remutaka rā,
I kite ai au mā taku kui ki Wai-mātā, e.
Tohuhia mai e te kōkōreke rā,
Kātahi nei hoki ka kitea te karoro tū-a-wai

I tū awaawa rā.
Mā te kāhore anake e noho tōku whenua
Kai tua te rā e whiti ana.
E noho ana ko te kōkō korokī
I ata kiki tau[15]

He pai te whakatā i konei ki te wānanga i ngā whakaaro me ngā kōrero. 'E hoki'. He aha a Rewi i kōrero pērā ai? Te tikanga me koa kē ia kua tae atu he apataki hai hoa mōna ki te pakanga ki te Pākehā. Ka mutu, ko ngā whakarihariha ēnei o te rua taniwha o Tūhoe, te momo i a Paerau, mana te kupu, taumaha te ringa, he ika-a-Whiro ki te riri; te momo i a Hāpurona Kohi, kirikawa ake nei, kirikawa ake nei; te momo i a Tamarau, whakapapa nui, pakihiwi whānui.

Ka hamumu ake ko Te Whenuanui, ka papaki i ana papa, ka papaki i te pakihiwi me te kī ake, 'E, e Manga, inā rā te papatoiake i te pakihiwi kaha o Tūhoe, e kore e hoki i te waewae tūtuki, mā te pakaru rawa o te upoko, tērā pea.[16] Anei tā mātau; ka tūria e mātau a Ōrākau hai whakahoro atu i te taumaha o ngā matā o ā mātau pū. He tawhiti rawa te waha mai mō te kore hua.'[17] He kupu whakapehapeha ēnei e tohu ana i te taumārō o te whakaaro, i te whakametometo rānei o te whakaaro.

Ka utua e Rewi, 'Kāore tātau e ora i Ōrākau, ehara i te marae pai hai whakatū pakanga, engari anō Te Tiki-o-Te Ihingarangi i Maungatautari, ākene ō tātau ihu ka puta. Ki te pakanga ki Ōrākau ko te rā ka whiti ki runga i te whenua mōwai'.

Kai runga ko Tāpiki, tohunga o te Rautakitahi kātahi ka kī, 'Mēnā koinā te papa o tō matakite, kāti, ko koutou anō ko tō iwi hai ika'. Āki atu, āki mai, ka wherū, ka whakaae a Rewi ki Ōrākau.

Te Upoko Pakaru

Ka wānanga ake i te mana kōrero a Te Whenuanui mō te whakatauākī o te upoko pakaru. Kore rawa tērā kōrero i tāia ki ngā pukapuka a ngā kaituhi Pākehā. Engari koirā te kōrero e mau ana ki roto o Tūhoe, ki roto hoki o Tainui me Tūwharetoa. E whakahuatia ana i ngā Koroneihana. Koirā te whakatauākī e mau ana i a mātau o Tūhoe me ōna uri whakaheke. He kōrero nui tērā ki roto o Tūhoe i te wā o ō mātau mātua, taka iho ki a mātau me te whakatipuranga i raro iho i a mātau. He hōrapa tērā kōrero, engari kore i whakahuatia i roto i ngā tuhinga a ngā kaituhi hītori. I te mea kāore i tāia ka rerekē te horopaki o te kōrero ki te rāwaho.

Koirā te rerekē o te whakaaro Māori me te whakaaro Pākehā, he rerekē te mana o te kōrero ki ia iwi.

He aha i puta ai tērā kōrero i a Te Whenuanui? I haere mai a Rewi me te whakaaro ko Tūhoe nui tēnei. Tōna tikanga me ara a Tūhoe. E rua rawa ōna haerenga ki Ruatāhuna ki te whakaaraara i a Tūhoe. Ko te tuatahi i te tau 1862, ā, ko te tuarua i te marama o Pēpuere i mua paku atu i te pakanga ki Ōrākau i te tau 1864. Me tōna whakapono ka ara a Tūhoe i runga i ngā mātāpono o te tatau pounamu i waenganui i a Tūkōrehu o Ngāti Maniapoto me Te Purewa o Tūhoe. Haere ake nei, e kore e huakina te tatau pounamu e ngā iwi e rua. Ki te pā he mate ki tētahi, e āhei ana te toro ki te hoa kia haere atu ki te āwhina. Koia te mātāpono tuarua. Koia hoki te take i haere ai a Rewi ki a Tūhoe ki te whakaara i a rātau kia haere atu ki te āwhina i te pakanga ki te Pākehā. Ko tērā tatau pounamu nō te tau 1834, e toru tekau tau te hipanga.

Koia hoki te tohu o te mana, o te aha rānei o tāna kupu i a ia i haere ai ki te whakaaraara i ngā iwi i te tau 1862, ā, i tōna hokinga tuarua atu inā tata nei.

Nō te taenga atu ki te puni o te Rautakitahi, ka kite he taua iti noa rātau, kāore i eke ki te hokowhitu! Koinei anake te ope i haere atu ki te whakautu i tana tono? Koia te tāruretanga o Rewi me te heke o te ngoi. Ka rapu ia i tētahi huarahi e mau tonu ai tōna mana – te mana o Rewi

Maniapoto – manukura whakahaehae o te riri. Nā, ka puta ko ana kupu kia hoki a Tūhoe – Tūhoe e hoki – he mea tāpiri ki te kupu rangatira hai huna i tōna pōuri. Ki te whakaaro ā-reo o ēnei rā tūtūā nei, 'Hika, koinei anake koutou? Moumou tāima, hoki atu!' Ko tā Rewi, 'Tūhoe e hoki, ki te kore, mate iho koutou'. Koirā i puta ai te whakautu a Te Whenuanui, te papaki i ōna papa me te pakihiwi. I kite hoki mātau i ō mātau mātua e whakatautau ana me te whakahua i ngā kupu o te papatoiake, ka whakaotia ki te upoko mārō.

Waiho tēnei whakaaro i konei tārewa ai mō nāianei, he wā ka hoki mai anō ai ki te whakawhānui atu me te pou i aku whakapae ki te whenua. Kia hoki ake ki ngā whakawhitiwhiti kōrero i waenganui i ngā rangatira nei.

Ka riro te mana kōrero i a Te Whenuanui. Arā ngā rangatira i pūmau ki te kaupapa a Piripi Te Heuheu – a Paerau, a Pareihe, a Te Waru. Ka maharatia ko rātau hai waha kōrero, hai whiu rānei i te kōrero taumaha. Engari kāore i pērā. Riro ana te mana kōrero i a Te Whenuanui, i tōmuri nei te whai atu i te ope tōmua. Ākene nā tana whakapapa i wahangū ai ērā? Nā tō rātau kauanuanu ki te tātai ariki o Te Whenuanui? Me pērā anake e riro ai i a Te Whenuanui te mana kōrero mō te Rautakitahi. Mēnā hoki i ēnei rā, kāore tātau e whakaae kia riro i te tōmuri te mana whakahaere me te mana kōrero. Nā wai i kī kia riro mā tētahi tangata kāore i tautoko i te kaupapa, e kōrero te kaupapa? Me pēhea e pono ai, e kūpapa ai ki te tangata kua takahia e ia tāna i whakatakoto ai i Ōpūtao? Nā tana whakapapa, nā te tautoko hoki a Paerau i a ia mā roto i te kore e hamumu ake. Ā, waiho i te whakataukī o mua e kī rā, me kōrero tāu mahi tā te rangatira!

I muri mai o Ōrākau, toitū te mana o Te Whenuanui, kāore i ngaro tōna mana ahakoa te whakapae a ōku hoa Pākehā tuhi kōrero, tērā momo i a Tōmairangi Binney kua riro atu nei ki te pō. He pai ana kōrero mō Te Whenuanui ahakoa tana kī i heke tōna mana i te nui o te parekura ki Ōrākau. Haurua tonu o te Rautakitahi i mate atu. Ki te kōrero paihēneti, he nui te haurua. Engari ki te whakaaro Māori, he iti te haurua o te Rautakitahi i mate ki te tokomaha o Tūhoe iwi i noho ora i runga i te kore i haere ki Ōrākau. He rautakitahi noa i haere. He aha i kore ai a Tūhoe e haere? Nā te kupu rā a Te Whenuanui kia tāwharautia a Mātaatua, otirā, kia tāwharautia te rohe o Tūhoe – Tūhoe whenua, Tūhoe tangata. Ko te haurua o te Rautakitahi i mate, te whakahere o te tāwharau i te rohe. Ko te tamāhine a Te Whenuanui, ko Hinepau, tāna whakahere nui mō te tāwharau. Ko Hinepau te puhi e whakahuatia rā i roto i te manawawera a ngā pouaru me ngā wāhine o Ruatāhuna i te hokinga atu o ngā pāraeroa o te Rautakitahi. Inā ia te wāhanga poto:

I hoki mai koe, e Te Whenuanui ki te aha?
Te mate atu ai i te unuhanga o te puhi o Mātaatua.
Ka mahora ki te riu ki Waikato,
ki te aroaro o Maniapoto…

Ko tana tamāhine tana whakahere nui. Kāore i tuhia te taha tangata o te Rautakitahi e ngā kaituhi Pākehā. I pēhea ngā whakaaro? He aha ngā kōrero i a rātau e rere rā? He pēhea ngā whakaaro o Te Whenuanui mō tana tamaiti kua mate rā, kua mahue atu rā? Me ngā whakaaro o te tuakana, o Te Mauniko, ki tana taina? He aha ngā whakaaro o Paitini mō tana pāpā i mate atu rā? He iwi tangi te iwi Māori, he tangi ki ōna mate, ka kitea i roto i ana waiata, i ana manawawera.

I tangi rā a Te Whenuanui mō tana tamāhine, mō Hinepau. Kāore i tangi i te wā tonu i mate ai. I puritia kia tae ki tētahi wāhi whakaruru, kātahi anō ka tukua te tangi a te ngākau. He wā e tangi ana ka kukua, ka hīkoi anō. I ia wāhi e whakatā ai rātau mō te pō, kua tangi, pūwawau ana te pō me ngā hiwi i te tangi a ngā mōrehu ki ō rātau whanaunga kua matemate atu. Te taenga ki Ruatāhuna, ka tukuna anō ā rātau tangi

Te Whenuanui Te Umuariki | 51

poroporoaki ki ō rātau hoa, whanaunga, kua matemate i te riri. Ahakoa rangatira mai, toa mai, wāhine mai, koinei te tikanga whakaōrite i a rātau, ko te tangi, ko te heke o te roimata me te hūpē.

Nā, koirā te rerekē o te riro mā te Pākehā e tuhi ngā kōrero mō te Māori – he Pākehā te titiro, he Pākehā ngā whāinga me ngā pātai. Engari ki te riro mā te Māori e tuhi ngā kōrero mō te Māori – ā, i ēnei kōrero, ki te riro mā te uri e tuhi – he rerekē tāku whāinga, he rerekē ngā mea e noho tōmua ana ki ōku whakaaro. E hiahia ana ahau ki te mōhio ki ngā whakawhitiwhiti kōrero, ki ngā kare ā-roto, ki ngā tangi, ki ngā mamae. I roto i ngā tuhinga a Te Peehi, a Kāwana, a Tōmairangi, me O'Malley, he nui ā rātau kōrero mō ngā whakaaro kare ā-roto o ngā tāngata Pākehā. Nā te aha? Nā te mea i tuhia ngā kōrero a ngā Pākehā i tae ki Ōrākau. Āe, he ngākau tautoko a Tōmairangi rāua ko O'Malley i ngā Māori, he aroha, engari kāore tonu i taea te kuhu ki roto i te hinengaro Māori. Ahakoa, nā te Māori tērā mahi. Kāore he take o te tawetawē. Me tuhi te Māori i ōna whakaaro. E mōhio ana au ka tautoko a Tōmairangi, a Ballara, a O'Malley i ērā whakaaro.

Ko te manawawera nei te kaiwhakaatua i a Te Whenuanui kia kore rawa e mate. Kāore mātau ngā uri e whakamā ki te whakamahi i tēnei manawawera, he tino manawawera tēnei nā mātau, nā Tūhoe. Mēnā i heke te mana o Te Whenuanui, he aha mātau ngā uri e haka tonu nei i taua manawawera. Mēnā i mimiti te mana o Te Whenuanui, he aha e hakaina nei e Tūhoe i ngā rā nui o Te Kīngitanga? He aha e whakahuahuatia nei taua manawawera e Ngāti Tūwharetoa i ngā huihuinga? He aha e noho nei ko Te Pūru hai haka matua mā Tūhoe? Ahakoa iti te kaupapa, nui te kaupapa ka hakaina. Kua noho hai haka tuku tūpāpaku i nāianei! He aha i pērā ai? Nā te heke o te mana? Anei mātau ngā uri, ka tohe mā mātau e taki te manawawera whakaatua i tō mātau tipuna. Kāo, e taku hoa, Te Tōmairangi-o-te-aroha, kāore i heke te mana o taku tipuna. Inā hoki, ka uru ia ki ngā pakanga o muri mai ki te ārai atu i te Pākehā kia ora tonu ai te kōrero o te tāwharau. Ka uru atu ki ngā pakanga a Te Kooti, ka noho ki te kimi putanga pai mō Tūhoe i te ahi e mura rā ki Te Urewera, ka kōrero ki a Te Ōmana (Tiaki Ōmana rānei) me ngā Pākehā whai mana. Ko rāua tahi ko tana matua kaitohutohu, ko Paerau tōna hoa i roto i ēnei kaupapa tāwharau i a Tūhoe, kāore tētahi i tawhiti atu i tētahi. I muri mai ka whakatūtia e Te Whenuanui Te Whitu Tekau o Tūhoe, ka whakatū hoki i tana whare, i a Te Whaiatemotu. Koirā te tohu o te rangatira i mau tonu te mana, e aku hoa Pākehā tuhi hītori!

Kia hāngai te aro ki a Te Whenuanui. Ahakoa, arā kē te mana i tana tuakana, i a Te Aukihingarae me tana tamaiti whakaangi, a Paora Kīngi, ka haere te wā ka mimiti haere te rongohia o ērā kua matemate hoki. Ka tū ko Te Whenuanui te rangatira o te wā. He hoa anō ōna o te Aitanga-a-Tiki; tēnei momo rangatira i a Paerau Te Rangikaitupuake o Ngāti Kākahutāpiki, a Kererū o Ngāti Rongo, a Te Ahoaho, a Te Purewa II, a Tamarau Waiari o Waikaremoana, a Tūtakangahau o Maungapōhatu, a Tamaikōhā me te whare rangatira hoki o Rakuraku o Te Waimana.

Kāore i mau te āhua o tēnei rangatira i ngā kāmera tango whakaahua a te Pākehā ki tōku mōhio. Mēnā i mau, kua kitea e Tōmairangi Binney, i te kaha o tērā wahine ki te rangahau. Hāunga ngā Te Whenuanui o muri mai, a Te Haka (Te Whenuanui II), tama a Te Whenuanui I; a Te Rangiteremauri (Te Whenuanui III), he mokopuna nā Te Whenuanui I. Nō te tau 1895 i mate ai a Te Whenuanui ki tana pā i Te Kurukuru (Pā Kurukuru rānei ki te Pākehā) i runga ake o Te Tahora. I reira tonu ia e tangihia ana, kāore i mauria ki Mātaatua, ki Te Whaiatemotu, te whare nāna i whakaara. Ko tōna urupā kai runga ake i te putanga atu o te awa o Whakaea ki te awa o Whakatāne.

Nō te matenga ka titoa te waiata mōna e whai ake nei e kīia ana ko 'He poroporoaki ki a Te Whenuanui'.

Kāore te mamae ngau kino ana ki a koe, e Nua,
E waiho ana koe i te tūranga nui,
E waiho ana koe i te tū rangatira,
I te iwi hoki rā, e,
I te rahi o Tūhoe.
Haere rā, e Pā i te ara haukore,
Taku ate hoki rā, e,
Taku pākairiri ki te ao o te tonga,
Taku manu kōrero ki te nōhanga pahī,
Taku manu hakahaka ki tua o Waikare.
Uwhia mai rā te makau ki te kahu taha whenua,
Uwhia mai rā te makau ki te kahu taha rangi.
Marewa, e te hoa, māna e whītiki taku tau kahurangi
Ka takoto i te mate tō whare whakairo,
Ka mahue ki te ao;
Kia tū mai koe i te pongaihu o te waka,
Kia whakarongo koe te rere tangi mai i raro o Haumapu,
I raro i ngā muri e hae mai ana i raro o Te Whakarua.
Kai hea, e te Hērora te mana o ngā ora
Kia houhia mai rā te makau,
Kia taipū noa iho arā kua riro atu,
Tē hoki ake ki te ao nā, e ... i.

E whai ake nei te whakahekenga o Te Whenuanui.

Whakapapa 5: Te Whenuanui

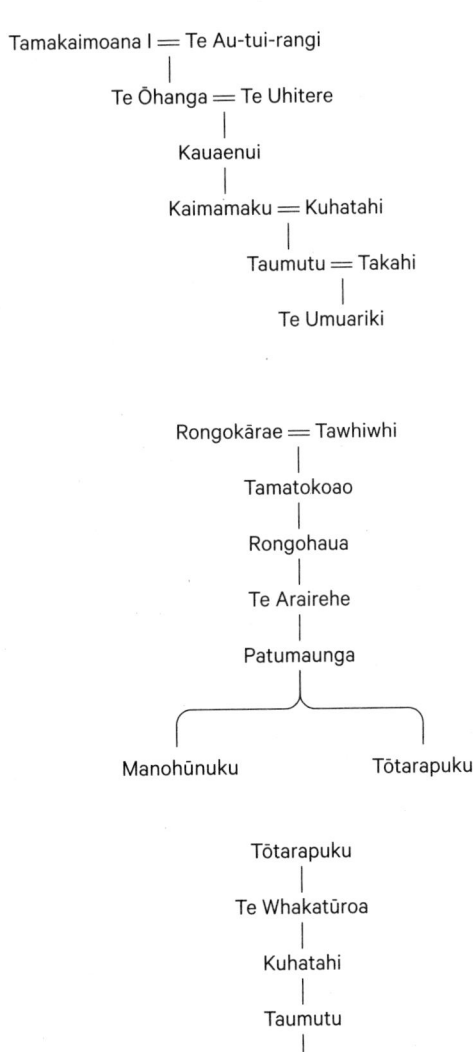

Te Umuariki = Hinepau (wahine 1)
|
Te Aukihingarae

Te Aukihingarae = Uhia
|
Paora Kīngi I

Paora Kīngi I
├── Mata Te Tawai
├── Tumeke Paora Kīngi
└── Paora Kīngi Paora II

Te Umuariki = Tīkina (wahine 2)
|
Te Whenuanui I

Te Whenuanui I = Te Akiu Pouwhenua
├── Te Whenuanui II (Te Haka)
├── Te Mauniko
└── Hinepau

Te Whenuanui II = Anitana
|
Ropi[18] Taura = Te Okeroa
├── Rīperata
└── Te Mauniko II

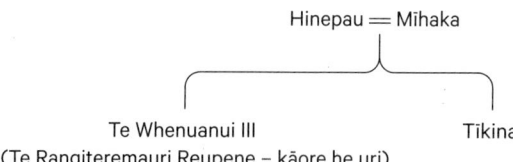

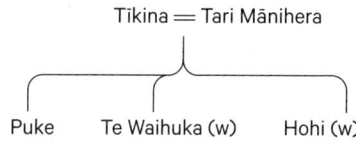

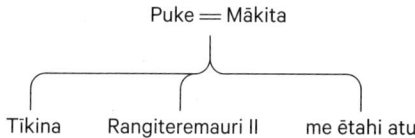

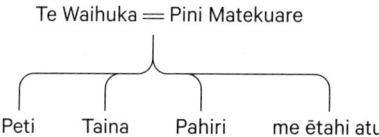

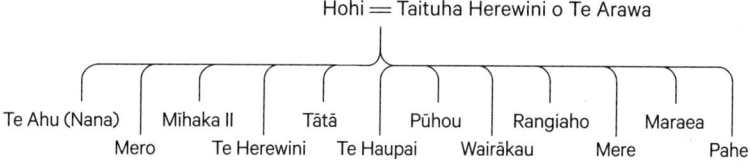

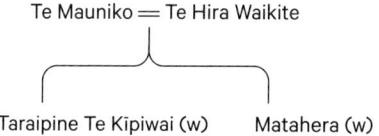

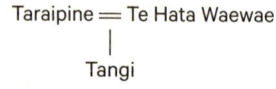

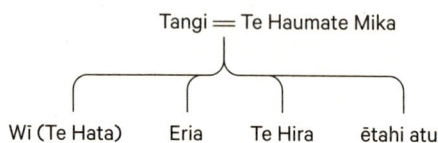

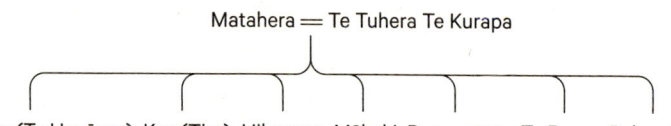

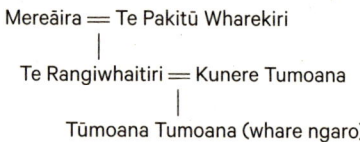

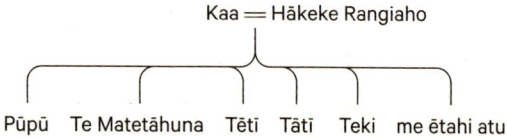

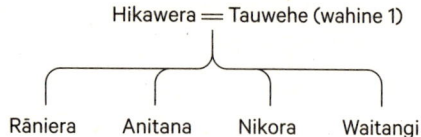

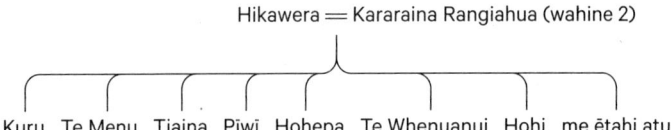

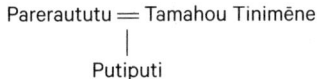

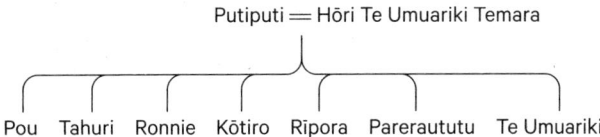

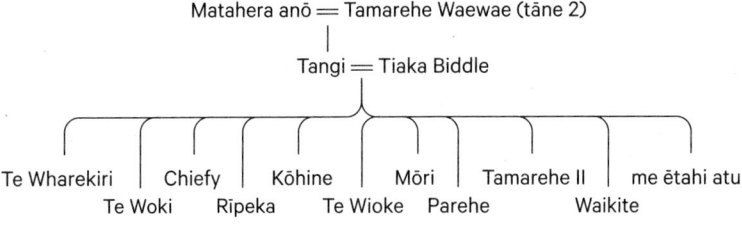

Animiraka Te Umuariki

He tamāhine a Animiraka nā Te Umuariki rāua ko Tīkina, te wahine tuarua a Te Umuariki. Ko tētahi whakahuanga o tōna ingoa ko Meremiraka. I whānau ki Maungapōhatu. Ka pakeke ka whakamoea ki a Piripi Te Heuheu o te whare ariki o Te Heuheu o Ngāti Tūwharetoa. Ko te take o te whakamoenga i a rāua i tua atu i te hono i ngā whare ariki e rua, ko te utu i te Kanohi Kitea o Taihakoa ki roto o Ruatāhuna i ngā tau o mua atu i te whānautanga o Animiraka.

Ko te raruraru i waenganui i a Ngāti Whare rāua ko Tūhoe ko Te Wini te take. I pōhēhē a Tūhoe kua patua a Te Wini e Ngāti Whare, kātahi ka patua a Hinetatu o Ngāti Whare hai utu. Ka rere te tono a Ngāti Whare ki a Ngāti Tūwharetoa rāua ko Te Arawa kia haere atu hai apataki pakanga ki a Tūhoe. Ka taki haere i raro i a Te Raiti o Ngāti Whare me Taihakoa o Ngāti Tūwharetoa. Rokohanga ko Ngāi Te Riu i Raumarama, ka patua tokotoru o rātau e te taua. Ka mauheretia ētahi, ka hoki ki Te Whāiti.

Nā Ngāti Tāwhaki i whai, ka mau atu ki Arikirau ka patua ki reira. Nō te huringa i ngā tūpāpaku ka kitea ko Taihakoa tētahi o ngā ika. Ka mōhiotia te uru o Ngāti Tūwharetoa ki te taua a Te Raiti. Koia te Kanohi Kitea o Taihakoa ki Ruatāhuna, e whakahuatia tonutia nei i ēnei rā, engari ko te horopaki kua rerekē.

Nā te pāpā o Animiraka, nā Te Umuariki i whakaaraara a Tūhoe katoa kia takahia te ara o te riri ki Taupō ki te utu i te Kanohi Kitea o Taihakoa ki Ruatāhuna. Ka taki haere te hokowhitu i raro i a Te Umuariki, i a Tamahore, i a Te Purewa, i a Taiturakina, rātau ko Uhia, kauwaka o te atua nei o Te Rehu-o-Tainui. Kōrero poto, ka hinga a Ōrona, ka mate ētahi o Ngāti Tūwharetoa ki reira.

Nō muri i te pakanga ka tū te tatau pounamu i waenganui i a Tūhoe rāua ko Ngāti Tūwharetoa ki Ōpepe. Ko ngā rangatira ko Te Umuariki rātau ko Te Purewa, ko Koroki mō Tūhoe, ko Te Heuheu mō Ngāti Tūwharetoa. Ka tukua e Tūhoe a Te Waiarumia hai wahine mā Herea Te Heuheu. Ko Te Waiarumia te kaihere i te tatau pounamu. Ko te hua o tērā moenga ko Piripi Te Heuheu. Ka whakamoea a Piripi rāua ko Animiraka, tamāhine a Te Umuariki. Ka pūmau te tatau pounamu o Ōpepe, ka ea te Kanohi Kitea o Taihakoa ki Ruatāhuna.

Ka noho a Animiraka rāua ko Piripi ki Maungapōhatu. Kāore ā rāua tamariki ake. Ākene pea i reira tonu te pitomata o te whakatipu pāharakeke, engari nā te haere ki te pakanga ki roto o Ngāti Maniapoto, ka kore e tinana te pitomata. Ahakoa kāore ā rāua tamariki ake, he whāngai ā rāua e ai ki a Tama Nikora.

Nō te haerenga o Piripi ki te utu i te pōhiri a Rewi Maniapoto, ka haere hoki a Animiraka. He tikanga tonu te haere a ngā wāhine i te taha o ā rātau tāne hai whakaoho i ō rātau mauri i te mura o te ahi, mā roto mai i ngā whakahauhau ki ngā mea tāne. Kai tua atu ēnei i tō rātau haere hai kairākau mau pū. Nā, ka haere rā.

I mate atu a Animiraka rāua ko Piripi ki roto i te pā whawhai. Ko te kōrero a Paitini ki a Tamahou rāua ko Hikawera, nā te matā kotahi o te pū repo a Animiraka rāua ko Piripi i patu. I noho tahi, i haere tahi, i mate tahi.

Te Mauniko Te Whenuanui

He mōrehu a Te Mauniko Te Whenuanui nō te pakanga ki Ōrākau. He tamāhine ia nā Te Whenuanui I rāua ko Te Akiu, ā, i whānau ki Te Kurukuru, te pā o tana pāpā, o Te Whenuanui. Kai te taha whakarunga o Te Tahora i Ruatāhuna tēnei pā. Kai konei e kōrerohia ai te haerenga o Te Mauniko me ngā pitopito kōrero nāna i whakaheke ki tana mokopuna, ki a Hikawera Te Kurapa.

Ka tau rā ngā whakaaro o Te Whenuanui ki te whai i te ope a Piripi Te Heuheu, ka rika hoki a Te Mauniko rāua ko tana taina ki te whai i tō rātau pāpā. Tokotoru rātau ngā tamariki a Te Whenuanui rāua ko Te Akiu; ko Te Haka, ko Te Mauniko, ko Hinepau. Ko te raruraru, tokorua o te tokotoru nei he wāhine. Ko Te Mauniko rāua ko Hinepau ngā mea wāhine. Hai āpiti i te raruraru, kua moe tāne kē a Te Mauniko rāua ko Hinepau. Ko tā Te Mauniko tāne ko Te Hira Waikite, ko tā Hinepau ko Mīhaka Mātika, ka mutu, kua whiwhi tamariki kē rāua tahi. Ko te mātāmua o ngā tamariki a Te Whenuanui, ko Te Haka, kua moe wāhine engari kāore anō kia puta he uri. Te mutunga iho, ka haere ngā mea wāhine, ka noho te mea tāne. E mārama ana te noho a Te Haka. Ko ia anake te mea tāne a Te Whenuanui, ko ia hoki te piki tūranga o Te Whenuanui. Me noho ia ki te whakatō tamariki.

Ka rere te tokorua rā, a Te Mauniko rāua ko Hinepau ki te hopu i ō rāua hōiho, ka uta i ngā kai mō te haere, ka mau hoki ki ā rāua pū ka wehe rātau ki te whai i te ope a Piripi. He aha rā ngā whakaaro i a rātau e haere ana? Kāore e kore i te whakaaro ki ā rāua tamariki me ā rāua tāne. Ka aua atu te upoko, nō reira he wā roa e haere atu ana ka hono ai ki te upoko; he wā hai whakaarotanga. Ākene rānei kāore i pērā ō rāua whakaaro; ākene i riro kē ngā whakaaro i te ngākau ririka, i te ngākau auaha o te haere.

Ka puta te pātai i konei, he aha rawa te take i heria ai e Te Whenuanui ana tamāhine ki te pakanga? Ka noho tērā pātai hai whakararuraru i te ngākau o te tangata titiro whakamuri ki te ao o mua. I te ahurea o ēnei rā mohoa, e kore te matua e heri i ana tamāhine ki te pakanga, he mahi pōrangi rawa atu tērā. E pai ana te haere a te rangatira me tana wahine, ka āhua whakaae te ngākau o te tangata-o-nāianei ki tērā tikanga o mua. Ka whakaae hoki ki te haere o te rangatira me tana tama. Engari ngā tamāhine? E mahara ana ngā tamāhine nei me tō rāua pāpā e haere ana rātau ki te pikiniki? I te tino mōhio rānei rāua e haere ana ki te pakanga, ka mutu, e mārama ana ākene ka mate atu? Otirā, he rangatira nui a Te Whenuanui. Ahakoa te uaua, me whakaae tātau i mōhio a ia me tana whānau, hapū, ki ngā mate o te heri i ana tamāhine. He rerekē te whakaaro o te rangatira o ērā wā, ki te rangatira o nāianei. Ki te rangatira o nāianei, mutunga mai te hē o tēnei tikanga. Heoi anō, koirā te ahurea me te tikanga o ērā wā.

Nā Te Mauniko ēnei kōrero ki tana mokopuna mō te take i whai ai rāua i tō rāua pāpā, i kore ai hoki ā rāua tāne i uru ki te taua haere. Ko te take i kore ai tana tāne a Te Hira e haere, nā te mea i Rūātoki kē ia i te tiaki i ngā rīwai, kūmara, kātahi tonu rā ka mutu te hauhake. Kāore ia i te mōhio e whai ana tana wahine i tōna hungarei, i a Te Whenuanui. Mēnā i Ruatāhuna a Te Hira, ka whai ia i tana wahine. Nā te taka wawe o te haere, kāore a Te Mauniko i āhei ki te whakamōhio i a Te Hira e whai ana ia i tōna pāpā. Ko te mea nui i ōna mahara, kāore e pai kia haere a Te Whenuanui ko tana kotahi.

Ka mahue iho ana tamariki a Taraipine rāua ko Matahera ki a Te Akiu me te whānau, ka rere a Te Mauniko rāua ko Hinepau hai ringaringa āwhina mō tō rāua pāpā. Koirā te take i mahue ai a Te Hira ka haere ko tana wahine. Kāore hoki i te mahara nui ake e haere ana ki te pakanga, ākene he mate te mutunga atu.

Otirā, he take anō i haere ai rāua, he take tikanga Māori. Ko tā rāua mahi he manaaki i tō rāua pāpā, he taka kai māna, he noho hai kaitohutohu mōna, hai whakahihiritanga mō te pāpā kia eke ai ki ngā taumata whakaaro o te rangatira. He wāhine mau pū anō hoki rāua, pērā i ētahi atu o ngā wāhine o te Rautakitahi, me ngā wāhine o Ngāti Maniapoto me Ngāti Raukawa. Koinei ia te tino tikanga o te haere o ngā wāhine ki te pakanga me ngā tāne.

Ko tāna kōrero ki a Hikawera, i a rātau e haere ana ki te pae o te riri, kāore rātau i tino whakaaro nui ki te pakanga. Ki te pakanga, kua pakanga. Ki te kore, kua kore. Nō te hui me Rewi Maniapoto kātahi anō ka taka te mōhio, ai, e hika, e, he mate kē pea kai roto i tēnei haere. Engari kua riro kē rātau katoa i te ihi o te kaupapa.

Ka tae ki Ōrākau, he nui te kai, a kāti, nā te tokomaha tonu o rātau, ka mimiti haere te tahua. Taka rawa ake ki te pakanga kua kore he kai. Ko tā rāua mahi i te wā o te pakanga, he āwhina i tō rāua pāpā me ngā rangatira ki te mahi kariri, ki te kawe wai hoki mā ngā toa. He tere te mate wai o te toa i te wā o te pakanga e ai ki a Te Mauniko. Kāore i roa ka pau ngā wai. He wā kua tīwaha kia heria atu he wai, engari me pēhea hoki, kua pau kē ngā wai. Kia pō kua rere ngā toa ki te tiki wai i tawhiti atu o te pā. Ka huna haere i ngā hōia Pākehā kia taea ai he wai mō te pā katoa.

Ko ngā mea tamariki i ngā maioro e pakanga ana. Kāore tō rāua pāpā e kai, ka waiho āna kai mā rāua, ahakoa tō rāua kī atu kia kai. He wā kua kore e pakū ngā pū, kua noho ngā rangatira ki te kōrero me aha te aha. Ka rongo ia i ngā rangatira e whakatakoto mahere ana mō te noho tonu, mō te rere rānei. Kua kōrero noa atu rātau mō te rere i te pā o Ōrākau, nā te kore wai. Engari nō te tuatoru rawa o ngā rā o te whawhai, kātahi anō ngā rangatira ka whakaaro kotahi kia rere rātau i te pā. Nō te wā i pakaru mai ai rātau i te pā whawhai, i matemate ai ngā kairākau, ngā wāhine me ngā tamariki. Nō konei hoki i tū ai tōna taina a Hinepau i te matā. Ka hopukia iho e rāua ko Paora, kātahi ka tō haere. I te ora tonu a Hinepau i tō rātau taenga atu ki tētahi whakaruru, engari kua mōioio, kua kaha te whakaheke. Ka tīhaea e ia he wāhanga o tana kaka hai whakapuru i te tū i te puku. Engari kua mōhio rātau kāore e ora. Ka poroporoaki rāua ko tō rāua pāpā ki a Hinepau. Ko tana kōrero kia waiho ia, me rere te iwi kai mate i te Pākehā, ā, ka hē te manawa. Ahakoa te hiahia ki te tangi, kāore e āhei, kai te kimihia hoki rātau e ngā hōia Pākehā, ā, kukua ana te tangi. Tuhera mai ana te huarahi, ka rere anō tō rātau rōpū iti. He mea waiho atu a Hinepau ki te wāhi i mate ai a ia, kāore i tanumia, i ahatia rānei. Ko te rere i te mate te whakaaro matua. Kia tae rawa ki tētahi wāhi haumaru, kātahi anō ka tukuna a roimata kia heke, a hūpē kia rere, a tangi kia puta. I reira rātau e poroporoaki taurangi ana ki te hunga kua matemate. Tō rātau koa i te putanga atu o Paora Tāpeka i mahara rā rātau kua mate. I hoki te nanakia rā ki te tāpuke i tana pāpā, i a Wī. I taua wāhi e āta noho ana ngā mōrehu, ki te whakaora i ō rātau taotū.

He waiata tā Te Mauniko i tito, ka mutu, ko tana tāne, ko Te Hira te mea waiata ai i taua waiata e ai ki a Hikawera (kōrero ā-waha, 1980). Anei ngā kupu o taua waiata:

Ka pai te tāne
Ki te noho tahi mai,
Ka whakatika ki runga,
Ka nui au te aroha.
Ārai rawa mai, o Ruatāhuna.
Kai roto mai te tāne,
Kai ora i ahau.
Kai konei tonu au, e,
Tū takakau atu ai.
Ngā uru rākau
Kai Ōmaru rā ia.

He māmā noa ngā kupu o te waiata nei, ka kite tonu iho te kaipānui e matatau ana ki te reo ki te tikanga o te waiata. Ko ngā uru rākau i Ōmaru te wāhi i piri tuatahi ai rāua, ā, koirā te whakaaro manahau o te waiata. Nāna i tito te waiata nei i a ia e whakaruru nei i ngā matā o te pū repo a te Pākehā e taiparatia atu rā ki Ōrākau. Ka taka te mōhio ki a ia, auē, koinei te mura o te ahi, ākene ia ka mate. Ka hoki ngā whakaaro ki tana purotu, ko te otinga o te waiata nei. Kāore hoki i te mōhio mēnā ka ora ia, ka mate rānei. Ko ana kupu ēnei ki a Te Hira e noho mai rā i Rūātoki, i Ruatāhuna rānei. Tē aro hoki i te tāne kai te raruraru nui a Ōrākau, kai te whakaruru tana wahine i ngā matā a te Pākehā. Nō te hokinga ora atu ki Ruatāhuna, ka waiata i tana waiata ki a Te Hira, mau tonu atu i a ia hai waiata māna.

Nā te mokopuna a Te Mauniko, nā Hikawera Te Kurapa ēnei kōrero ki te kaituhi i ngā tau e maha e kōrerorero ana māua. Ka rongo a Hikawera i a au e ako ana i te waiata nei, ka kata, kātahi ka kī, 'A, te waiata a tō koroua, a Te Hira'. Kātahi ka tīmata ki te waiata i te waiata nei. Kore au i rongo i a Hikawera e waiata ana i tēnei waiata i mua atu, engari he tino mōhio ia ki te waiata nei. Ko taku kōrero ki a ia, 'He waiata kē rā tēnei ki te tāne. He aha i riro ai mā tō koroua e waiata?' Kātahi ka whakaheke i ngā kōrero kua tuhia nei e au ki te puku o tēnei wāhanga.

Nō Te Mauniko tētahi o ngā ingoa i uru ki ngā rārangi pānga whenua o Ngāti Huri rāua ko Tamakaimoana. Nā ngā whakapapa o tana tipuna koroua, o Te Umuariki, i heke iho i a Tamakaimoana i whai pānga ai ia ki aua whenua.[1]

I noho atu rāua ko tana tāne, ko Te Hira Waikite ki Maungapōhatu mō te wā roa. He wā anō ka haere ki Rūātoki, ka hoki ake ki Ruatāhuna. He wahine kāore i rata ki te Pākehā. Koirā i noho atu ai i Maungapōhatu mō ngā tau e maha, he wāhi hoki kāore e haeretia e te Pākehā. Inā puta atu he Pākehā, papau ana te rere ki te huna. Pērā i tōna pāpā, i a Te Whenuanui I, kāore i mau te āhua o Te Mauniko. I te matenga o Te Hira ka hoki mai ki Ruatāhuna ki te taha o ana mokopuna noho ai.

Nāna i nehu tana pāpā i te matenga i te 1895. I te matenga o tana tungāne, o Te Whenuanui II i Waikaremoana i te tau 1907 ka kitea atu ki reira, ka mihia e ngā kaumātua o reira nā te mea he mōrehu nō Ōrākau. I te 1910, ka hahua mai a Te Whenuanui II, ka whakahokia mai ki Mātaatua. I reira anō ia e tatari atu ana i tana tungāne. I Ruatāhuna e mate ana i tana whare i te wāhi e tū nei tōku kōpuha i Mātaatua. Kai Mātaatua e takoto ana.

Hinepau Te Whenuanui

Ko Hinepau te tuarua o ngā tamāhine a Te Whenuanui rāua ko te Te Akiu. I Te Kurukuru anō e whānau ana.

Kua moe tāne kē a Hinepau i te wā o Ōrākau. Ko tana tāne ko Mīhaka Mātika. Ka moe rāua, ka noho ki Ruatāhuna. He pānga whenua anō ō Mīhaka i te taha whakararo o te awa o Whakatāne i rāwahi atu o Pāraeroa. He wā kua hūnuku mai rāua ki reira noho ai, ā, kua ngata ō rāua hiahia ki reira kua hoki ki Ruatāhuna. Ko Ruatāhuna tō rāua kāinga pūmau, koirā te kāinga haumaru. Ka mutu, i reira hoki te whānau o Hinepau e noho ana.

Nā Hinepau rāua ko Mīhaka ka puta ko Te Rangiteremauri Reupene rāua ko Tīkina. Noho nei, ka ingoatia a Te Rangiteremauri Reupene ki a Te Whenuanui (te tuatoru) i te matenga o Te Whenuanui te tuarua. Ko Te Haka tēnei i whakaingoatia nei ki a Te Whenuanui te tuarua i te matenga o tōna pāpā, o Te Whenuanui i te tau 1895. Nō te matenga o Te Whenuanui te tuarua i te tau 1907, ka whakairia te ingoa o Te Whenuanui (te tuatoru) ki a Te Rangiteremauri Reupene. Koirā tōna ingoa mai i te 1907 mate noa i te tīmatanga o te tekau tau 50 o te rautau rua tekau. Kāore ana tamariki, engari he whāngai, ko Hikawera tētahi o ana whāngai. He tangata whakairo tēnei Te Whenuanui, ā, nāna i whakahou a Te Whaiatemotu, te whare o tana tipuna, o Te Whenuanui te tuatahi. Nāna hoki i whakaara, i whakairo a Toikairākau i Waikirikiri, i Rūātoki. Ahakoa ko tēnei upoko mō tana whaea kē, engari ko ia te kaiwhakanui i te mana me ngā kōrero mō tana whaea.

Hāunga a Tīkina, hōrapa ana te whenua i ōna uri. Kai te whakapapa o Hinepau i te whārangi o mua ake nei e kitea ai ōna uri.

Kāore a Mīhaka i haere ki te pakanga i Ōrākau. Kāore hoki ia i Ruatāhuna i te wehenga atu o te ope a Te Whenuanui ki te uru. Kāore a Te Mauniko i whakahua i hea rā a Mīhaka, engari e taea te whakapae i te taha whakararo o te awa o Whakatāne ia i te tiaki māra, pērā i a Te Hira Waikite, tāne a Te Mauniko.

Ko Hinepau i mate atu ki Ōrākau. I te rerenga o ngā mōrehu i te pā i te rā tuatoru, ka tū a Hinepau, ka hinga, me te tīwaha anō. Te rongotanga o Te Whenuanui i te reo ka mōhio kua tū tana tamāhine i te matā, ka whakatika ki te hoki ki te āwhina, engari kāore e tukuna e tana rōpū haumaru kia hoki. Ko te haumaru nei te pākairiri tāwharau i a Te Whenuanui kia kore ai e tū i te matā a te hoariri. Nā Te Mauniko me tētahi o ngā kairākau i hopu ake a Hinepau ka tōia haere kia kore ai e mahue hai patunga mā ngā hōia kia mate. He tawhiti te tō, kia tae rawa ki tētahi wāhi e taea ana e tō rātau rōpū iti te ārai atu i te Pākehā, kātahi anō ka tahuri ki te puru i te hounga atu o te matā ki te maramara kaka i tīhaea mai i te panekoti o Te Mauniko, engari kua kaha rawa te whakaheke. Kua kōrero ngā atua o te pō. Ka titiro ake ki tana pāpā me tana tuakana ka kī ake 'Waiho au, e rere kōrua ki te whakahoki kōrero ki te kāinga'.[1] I te mura o te ahi, warea kē te whakaaro kia puta te ihu, ko te roimata, ko te tangi i pēhia. He rite tēnei ki te kōrero a Te Whetū ki a Te Ikapoto i te wā e rere ana i te taua o Ngāti Kahungunu i Maungapōhatu, 'Taihoa e tangi, tē waiho kia puta te ihu'.[2]

Kāore hoki e kore i pā te mamae kino ki a Te Whenuanui me tana tamāhine mōrehu i te matenga o Hinepau. Engari nō muri mai i te rerenga i te riri i pā ai te mamae. I te mura o te ahi, ko ngā whakaaro matua ko te ora. Taihoa ngā tangi. Kia puta te ihu ka tangi ai. Kia tae rawa rātau ki te pae o te ora, kātahi anō ka tū ka huri mai ki te tuku i ngā tangi me ngā poroporoaki ki te hunga i mate. Rātau katoa i tangi, wāhine, tāne, rangatira, tūtūā. Kāore i roa e tangi ana, ka tahia ake te mamae, ka tahuri ki te whakaora i ngā mamae ā-tinana. Ka roa mua, ka tata muri; ākene kāore anō kia mutu te whai mai a te hoariri i a rātau.

Rātau katoa i whara, ko ētahi tino kino, ko ētahi he tū ā-kiko, kāore i whati he poroiwi. Kua oma ngā hōiho, kua pūhia rānei e ngā hōia. Ko te kōrero a Paitini ki a Te Peehi, me tā Te Mauniko ki a Hikawera, mei kore ake a Tāpiki i ora ai rātau. Ko Tāpiki te tākuta tīkaro i ngā matā, whakapuru i ngā tū ā-kiko ki te rau rākau ka here ki te harakeke, ki te aha rānei ka kitea e ia. Mō ngā tū e rere tonu ana te toto, ka tīkina ngā rau o te kōuka, kātahi ka parahuhutia kia noho ko ngā hāwareware anake, kātahi ka pania ki te taotū. Ana, kua toka ngā toto, kua mutu te rere.[3]

Ka mutu te opeope a Tāpiki me ana kaiāwhina i ngā tūroro, ka rangatūtia e rātau te whenua ki Te Whāiti, ki Ruatāhuna, ko ētahi e totitoti ana, ko ngā mea tino hē ka utaina ki runga i te hōiho i mau atu i a rātau kua whīwhiwhi te waewae i te aka. He wā ki tēnā tūroro, he wā ki tēnā, tā rātau eke mai i tō rātau hōiho ka tae ki Te Whāiti. I tae ora katoa rātau, kāore he mea kotahi i mate ki te huarahi, i tua atu i a Hinepau. Koia te pakari o te tangata Māori – tāne, wāhine – o tērā wā. Me kōrero hoki te tohungatanga o Tāpiki me ētahi atu o te ope mōrehu, ki te opeope i ngā mea i taotū. Kai reira anō hoki ō rātau rangatira e whakahirihiri ana i ngā mōrehu ahakoa te mamae me te ngau o te matekai. Tō rātau hiakai ki tō rātau hōiho e ai ki a Paitini.[4] Ka tata ki Te Whāiti ka rongo rātau i te reo e whakaō ana. Ka whakautu rātau. Ko te reo whakaō nō tētahi rōpū i runga i ō rātau hōiho e haere atu ana ki te whakatūtaki i a rātau. Ko ngā hōiho i oma rā i Ōrākau kua tae ki te kāinga. Koia i mōhio ai a Ngāti Whare kua hinga a Ōrākau. He kai hoki ā rātau. Ka noho ngā mōrehu ki te kai. Ka whai hōiho rātau i ngā hōiho o te rōpū whakatūtaki i a rātau. Koia i pai ake ai te hokinga atu i Te Whāiti ki Ruatāhuna.[5]

He pērā anō a Ruatāhuna. Nā te hōiho o Tarei i mōhio ai a Ngāi Ruatāhuna kua parekuratia te Rautakitahi.[6] I maunu te here o te hōiho rā ka hoki ki Ruatāhuna. Koirā te take i āhei ai ngā wāhine o Ruatāhuna ki te waihanga i ā rātau manawawera whakatea. Hoi tā rātau, he whakahua i te rangatira nui e ora tonu ana. Mēnā hoki kāore rātau i kite i te kanohi o Te Whenuanui, kua whakahua rātau i a Paerau, ki te kore ia, kua whakahua i a Tamarau. I te ora tonu ngā wāhine o taua ranga whakatea i te wā o te whakatipuranga o Hikawera nāna nei ēnei kōrero.

Nō te taenga ki Ruatāhuna e tū mai ana te kapa, wāhine, tāne, ki te pōhiri i a rātau ki te kāinga. Kua mōhio kē rātau kai te ora tonu a Te Whenuanui, ā, ko wai ngā mea kua mate, ko wai e ora tonu ana. Nā te karere nō Te Whāiti, i kawe te kōrero tōmua ki Ruatāhuna. Koia ka whai wā ngā kaitito ki te whakahāngai i ngā kupu o ā rātau manawawera. Nā, ka haere ngā pōhiri. I roto i te ahurea Māori o mua, kāore e taea te kuku i te mamae me te roimata o ngā taha e rua, o te hunga kāinga me te hunga whakaeke. Ka mutu, i roto i te kaupapa o Ōrākau, i rere ai te toto, i mate ai te tangata, ka ngau te mamae me te heke o te roimata. Me pēhea e āhei ai te tangata Māori o ērā rā ki te utu i te ngau a te mate? Kua oti kē te whakairo ki roto i te ngākau Māori mai i ōna ihomatua, mā te roimata, mā te hūpē, mā te haehae i te kiri kia rere te toto, e ea ai te ngau a te mate. Mā te oro i roto i ngā karanga, mā te rongo o te taringa i te kupu o te karanga, mā te rongo i ngā kupu o ngā manawawera me ngā whakatea, koia ngā kaihuaki i te puna roimata kia waipuke i ngā kamo, kia rere te wai o te ihu, kia tūturu ki te whenua e hono atu ai ki te hunga kua hunaia ki a Papatūānuku. Nō reira, koia te wā i pakaru ai ngā manawa o te hunga i hoki ora mai. Rātau katoa, ngā mōrehu o te Rautakitahi, he toa, he kairākau. Engari ahakoa toa, ahakoa kairākau, ko te marae o te pōhiri te wāhi i ōrite katoa ai rātau ki te tangi ki ō rātau mate i hingahinga atu rā ki te marae o te riri i Ōrākau. Nā upoko tuohu, nā roimata rāua ko hūpē i rukea ki te whenua, i ōrite ai rātau katoa, whakapapa nui mai, whakapapa iti mai. Āe, i hāngai ki a Te Whenuanui te kupu o te parekura. I utaina ki ōna pakihiwi te taumahatanga o Ōrākau. Kua mate tana tamāhine a Hinepau, e whakapuhia nei i roto i te manawawera. Ko Te Whenuanui kai te kawe i te pīkaunga taumaha o Ōrākau mō rātau katoa.

Tērā hoki te titiro a whatu mohoa ki te manawawera a ngā pouaru me ngā wāhine o Ruatāhuna e taunu rā i a Te Whenuanui, me tō rātau whakaaro, nā tērā manawawera, ka mate te mana o Te Whenuanui, mate ake nei, mate ake nei. Kāo e rea. Kāore i mate. Engari ka noho tērā manawawera hai kōrero i tōna nui me tōna mana, haere ake nei, haere ake nei. Ka eke ki tā Rūrūtao i rotarota ai:

> E hā tonu te waha, e kite tonu te karu
> Ka ora tonu tēnei, e mauri ora ai koe.[7]

Ko tā te manawawera he whakaputa i te ngākau riri, i te ngākau tangi, ā, mā te whakaiti i te rangatira whakapapa nui e ea ai te riri, te tangi me te mamae. Engari ka ea te mamae, ka puta ko te aroha me te matemate-ā-one ki ngā mōrehu, me te kauanuanu ki a Te Whenuanui. Ko taua manawawera anō te kaiwhakaora i a Hinepau. E kore ia e warewaretia e te iwi, nā te mea ko ia te puhi e whakahuatia nei i roto i te manawawera, arā:

> ... i te unuhanga o te puhi o Mātaatua, ka mahora ki te riu ki Waikato, ki te aroaro o Maniapoto...

Ka mutu, he karapīpiti te whakatakoto i tēnei rārangi kōrero. E taea te kī ko te puhi o Mātaatua ko te tuituinga o ngā rau o te manu e herea rā ki te taurapa o te waka kia rere i muri, kia tōia rānei i roto i te wai. Koia te wairua o te whakapākehātanga a Te Peehi i taua wāhanga o te manawawera:

> ... where fell the plume of Mātaatua, stretched out on the valley of Waikato, in the presence of Maniapoto...

Otiia, ki tā Hikawera e kōrero kē ana mō Hinepau, te taina o tana kuia o Te Mauniko. Nā, ka ora a Hinepau rāua ko tana pāpā haere ake nei.

Whakaahua 1: Ko Tamarau Waiari tēnei. Ko ia tētahi o ngā rangatira i haere ki Ōrākau me ana wāhine tokorua. Nō te Museum of New Zealand Te Papa Tongarewa te whakaahua. C.025122

Whakaahua 2: Ko Elsdon Best (māui), ko tōna ingoa ki te Māori ko Te Peehi, me Paitini Wī Tāpeka o Ngāti Tāwhaki, Tūhoe. Nā Paitini ētahi kōrero nui mō Ōrākau. Nō te Alexander Turnbull Library, Wellington te whakaahua. 1/2-004998-G

Whakaahua 3: Ko Paitini Wī Tāpeka e whakairo ana i te rākau. Nō te Māori Postcards Collection, nō Te Whare Wānanga o Waikato te whakaahua.

PAITINI WI TAPEKA OF RUA-TAHUNA
A SURVIVOR OF THE BATTLES OF TE TAPIRI AND ORAKAU

Whakaahua 4: Ko Paitini Wī Tāpeka. Nō te pukapuka a Te Peehi tēnei whakaahua. Ahakoa kua kaumātua kē a Paitini, i te pakari tonu te tinana. No te pukapuka a Elsdon Best, *Tuhoe: Children of the Mist*, he mea tā mō te Polynesian Society e A. W. Reed, 1972, tēnei whakaahua.

Whakaahua 5: I uru atu a Peita Kōtuku ki te pakanga ki ngā hōia a Piritānia i Puke-takauere, i Taranaki i te tau 1860. Ko ia hoki tētahi o ngā kairākau i Ōrākau i te tau 1864. I ngā pakanga a Te Hauhau ka mauheretia i Ōmarunui, pātata atu ki Nēpia, i te tau 1866. Ko Peita tētahi o ngā kairākau i kawea ki Wharekauri me ngā whakarau Hauhau. Nō te rerenga mai i Wharekauri i te tau 1868 ka noho ko Peita hei matataua matua mā Te Kooti. Nō te Alexander Turnbull Library, Wellington te whakaahua. PAColl-3033-1-09

Whakaahua 6: Ko Paerau Te Rangikaitupuake, tētahi o ngā rangatira o Te Rautakitahi o Tūhoe ki Ōrākau. He kaitohutohu i a Te Whenuanui te Tuatahi. He Ika-a-Whiro.

Nō te pukapuka a Thomas Lambert, *The Story of Old Wairoa and the East Coast District, New Zealand, or, Past, Present and Future: A Record of Over Fifty Years' Progress*, Coulls, Somerville, Wilkie, 1925, te whakaahua.

Whakaahua 7: Ko Te Waru Tamatea o Ngāti Kahungunu, tētahi o ngā rangatira i hono atu ki Te Rautakitahi o Tūhoe. Nō te Hawke's Bay Museums Trust te whakaahua. Ruawharo Tā-ū-rangi, 363.4

Whakaahua 8: Ko Hikawera Te Kurapa, mokopuna a Te Mauniko Te Whenuanui, tētahi o ngā wāhine mōrehu o te pakanga o Ōrākau. Nā Pou Temara te whakaahua.

Whakaahua 9: Ko Rewi Maniapoto, rangatira matua o te pakanga ki Ōrākau.
Nā Elizabeth Pulman te whakaahua. Nō Alexander Turnbull Library, Wellington. PA2-2867

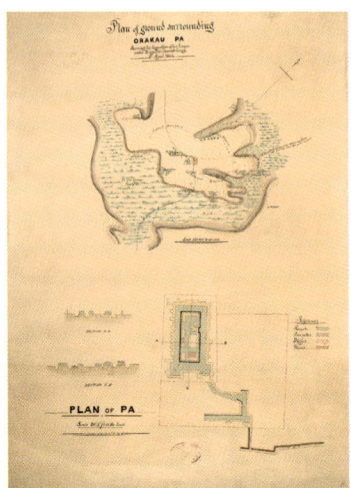

Whakaahua 10–12: Tō runga, ki te taha māui, tō raro hoki: Ko Tianara Duncan Alexander Cameron, (tuarima mai i te taha katau, e whakawhirinaki ana ki te wīra o te kaikawe pū) me te kāhui āpiha o te Taua Koroni. Ko tēnei whakaahua nō te 29 o Aperira o te tau 1864 i te mahutatanga ake o te rā i te ata i kōkiritia ai a Pukehinahina. Tō runga, ki te taha māui nō Auckland War Memorial Museum Tāmaki Paenga Hira te whakaahua. PH-RES-1980. Tō raro nō Alexander Turnbull Library, Wellington te whakaahua. PAColl-3396-1

Tō runga, ki te taha katau: Te mahere o te whenua e karapoti ana i te pā whawhai o Ōrākau. Kei tēnei mahere e tohua ana ngā rōpū hōia i raro i te mana o Pereketia Tianara Carey i te rua o Āperira o te tau 1864. Āpiti atu ko te mahere o te pā o Ōrākau nā Robert S. Anderson nō te 8 o Hūrae o te tau 1864. Nō Auckland Libraries Heritage Collections te mahere. Map 3596

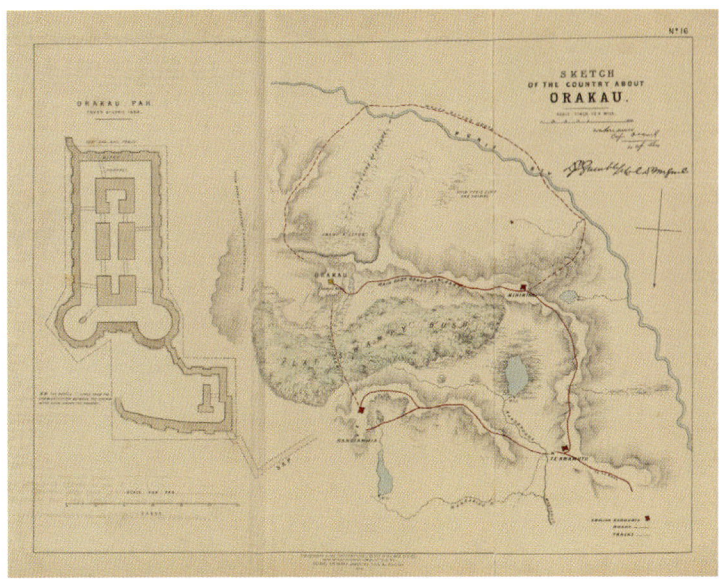

Whakaahua 13: Te whenua i ngā pāpāringa o Ōrākau e whakaatu ana i ngā nekeneke a ngā hōia Pākehā, me te mahere o te pā. Nō Auckland Libraries Heritage Collections te mahere. Map 268-16

Whakaahua 14: He tuhi haehae o te pā o Ōrākau, nā Pereketia Tianara G. J. Carey (1822–1872), he mea tango mai i te Illustrated London News, 1864. Nō Alexander Turnbull Library te whakaahua. B-033-030

Whakaahua 15: Te whakaahua o te Kōhatu Whakamaharatanga i Ōrākau.
Nā Vincent O'Malley te whakaahua.

Whakaahua 16–18: Ngā whakaahua titiro tata o te Kōhatu Whakamaharatanga ki Ōrākau. Tō runga, e whakaatu ana i te tau o te pakanga. Ko te mea o raro, ki te taha māui e whakarangatira ana i a Duncan Alexander Cameron, ko te mea o raro ki te taha katau e whakaatu ana i a Rewi Maniapoto. Nā Pou Temara ngā whakaahua.

ON THIS SITE IN AN UNFINISHED PA
ABOUT 300 MAORIS WITH SOME
WOMEN AND CHILDREN, POORLY
ARMED AND WITH LITTLE FOOD
AND NO WATER, HELD AT BAY 1500
BETTER EQUIPPED BRITISH AND
COLONIAL TROOPS. REFUSING TO
SURRENDER, ON THE THIRD DAY
A REMNANT OF THE MAORIS
ESCAPED ACROSS THE PUNIU
RIVER.

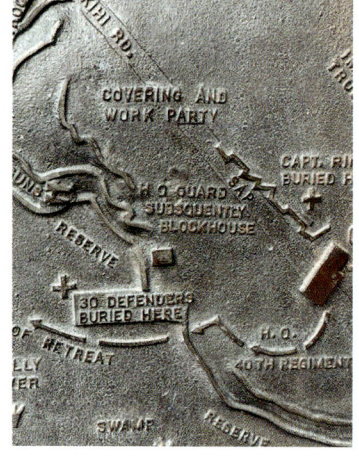

Whakaahua 19–21: Ko ētahi o ngā whakaahua e whakaatu ana i te mahere o te pā whawhai o Ōrākau. Ko te mea o waenganui e kōrero ana mō ngā Māori o te pā.
Nā Pou Temara ngā whakaahua.

Whakaahua 22–24: Ko te whakaahua tō runga, ki te taha katau ko te urupā o Rewi Maniapoto me tōna kōhatu whakamaharatanga i te tāone o Kihikihi. Ko te mea tō runga, ki te taha māui e tohu ana i ngā āhua o Rewi rāua tahi ko Kāwana Kerei. Ko te whakaahua ki te raro, ko ngā tekoteko o ngā rangatira piri tata ki a Rewi Maniapoto. Ko Te Whenuanui te tekoteko kei waenganui tonu o te whakaahua.
Nā Pou Temara ngā whakaahua.

Whakaahua 25: Ko Heipipi tēnei wāhi e tū nei te whare i tipu ake ai te kaituhi. Koinei hoki te kāinga o Paitini Wi Tāpeka rāua ko tana wahine a Makurata Te Waiōhine Himiona. I konei anō hoki te whare o Te Peehi i te wā e noho ana i Ruatāhuna. Ko Paitini tētahi o ana tino kaikōrero. Nā Neil Hutton te whakaahua.

Paerau Te Rangikaitupuake

Ngāti Kākahutāpiki

Ko Paerau tētahi o ngā tino niwhaniwha o tōna reanga, he rangatira nō Ngāti Kākahutāpiki, hapū o Tūhoe. I tōna taiohinga ka ākona ki ngā rākau parawhakawai a Tūmatauenga. Whāia ka mau ki te pū ka waiho ake ngā rākau Māori.

E ai ki a Paitini,[1] ko Paerau tētahi o ō rātau rangatira i rangatūtia ai te ara ki Ōrākau. Ko te rōpū tēnei o Piripi Te Heuheu, ko te ope tuatahi i maunu atu ai i Ōpūtao.

I puta te ihu o Paerau i te pakanga o Ōrākau. I te tau o muri mai ka uru ki te pakanga i Te Tāpiri. He riri tēnei nā Ngāti Manawa rāua ko Ngāti Rangitihi o Te Arawa ki a Tūhoe, ko te take ko Kereopa Kaiwhatu i whakapaetia rā nāna i patu a Te Wākana (Rev. Carl Volkner) i Ōpōtiki i te tau 1865, ko Maehe te marama. Ko tā Ngāti Manawa i whakahau ai ki a Tūhoe, ko te hoatu i a Kereopa ki a rātau. Ki te kore, kāore a Tūhoe e hipa atu i Te Tāpiri. I taua wā, e haere ana a Tūhoe ki Taranaki hai maru mō ngā kairākau o taua iwi i Ruatāhuna e noho ana. Ka rongo a Ngāti Manawa, ka hangaia tō rātau pā whawhai i Te Tāpiri hai haukoti i te haere a Tūhoe ki Taranaki. Ka eke ngā mano tipua riri o Tūhoe ki Te Tāpiri. Ki a Tūhoe, he takahi mana tēnei. Ka rere ngā karere ki te whakaoho i a Tūhoe. Kāore i roa ka ruruku ngā rohe o Tūhoe ki runga o Te Tāpiri.[2] Ka pakangatia te pakanga, ka pakaru a Ngāti Manawa. I taua whawhai hoki a Maraea, he whaea nō Te Pouwhare o Patuheuheu. Ko ia te poropiti o Tūhoe i taua pakanga.[3]

I muri o Te Tāpiri ka hangaia e Paerau rātau ko Te Haunui, ko Hāpurona Kohi te pā o Te Harema i Te Whāiti hai aukati atu i a Ngāti Manawa rāua ko Te Arawa inā tūpono te hoki mai ki te whakatoi ki a Tūhoe.[4]

I tēnei wā kua pūwhenua te hauhau ki roto o Tūhoe, arā, ki Ruatāhuna. I runga o Tahuaroa e tū ana ngā pou niu o taua rongopai i heria mai rā i Taranaki e ngā māngai tohunga a Te Ua Haumene. I kite hoki ahau i aua niu i ngā haerenga i te taha o taku koroua, o Tamahou ki te whakangau poaka.

Ko te whakapae i whawhai a Paerau i Te Kōpani, e rua tekau māero te tawhiti atu i Te Kapu.[5] Ka taka ki te taenga o Te Kooti ki Te Urewera, ko Paerau tētahi o ana tino pononga kairākau i whai kaha i ngā rerenga o Te Matua Tangata ahakoa pēhea te uaua o aua rerenga. Ka pakanga, ka pakanga, ehara, kua wera te kiri i te kaha o te kaupapa tahu whenua[6] a te kāwanatanga ki roto o Te Urewera. Ko tō rātau iwi tērā ka wera i taua ahi. I te tau 1870, i te marama o Oketopa, ka tau ngā whakaaro o Paerau rātau ko Te Ahikaiata, ko Kererū (Pukenui), me Te Waru ki te hohou i te rongo ki te hoariri. I te marama o Tīhema o taua tau anō, ka rere a Paerau rātau ko Te Whenuanui, ko Tūtakangahau me ētahi atu, ki a Te Ōmana i Ahuriri ki te hohou i te rongo.[7] Tō rātau hokinga atu ki Ruatāhuna ka huihui ki runga o Tahuaroa noho ai, ka whakarewatia te haki o te Uniana Tiaki[8] he mea tuku atu i Ahuriri; nā Te Ōmana anō pea i tuku atu. I taua wā kai Maungapōhatu a Rōpata Wahawaha e hurahura ana i te whenua ki te kimi i a Te Kooti. Auware ake.

I te tau o muri mai, i te marama o Āperira, ka hui a Tūhoe ki Tātāhoata i Ruatāhuna. I reira ka tau te kōrero kia hohoutia te rongo, ā, kia taka te iwi ki raro i te kāwanatanga. Ko Tamakaimoana anake i puta i tēnei kāhui; kore rawa rātau i pai kia houhoutia te rongo. Engari nā ngā kōrero pāhua a Rōpata Wahawaha, ka taka a Tamakaimoana ki roto i te kāhui maungārongo i Te Kakari. Ka rite ki tā Rōpata i hiahia ai, ka takahia mai te huarahi ki Ruatāhuna, ka hangaia tana pā ki Kiritahi, ka ingoatia ko Kohimarama. Kai te kitea tonutia ngā maioro me ngā rua o ngā whare o Kohimarama. Kai runga ake, kai tērā taha o te awa o Mana-o-Rongo, ko te pā o Ruru, ko te kire noa iho e kitea atu ana i runga ake i ngā purukamu[9] o te pāmu o Ruatāhuna. Ko te take o Kohimarama, he koronga nō Rōpata kia tahuri a Tūhoe ki te āwhina i a ia ki te hopu i a Te Kooti rātau ko te hunga totohe. Ki te kore, ka nōhia tonutia te whenua e Rōpata. Kāore a Tūhoe i rata ki tērā whakarite. Ā, me aha? Ko te utu ko te hopukanga a Te Whiu Maraki i a Kereopa Kaiwhatu i Ohāua-te-rangi, kātahi ka hoatu ki a Rōpata hai mauherehere māna. Ka tahuri hoki a Tūhoe ki te ārahi i a Rōpata ki te whai i a Te Kooti.[10]

I muri rawa mai i ngā pakanga, ka haere a Paerau ki Ahuriri. Kia pānui ake tātau i ngā kōrero a Te Peehi:[11]

> Now I will tell of Paerau, a renowned chief and warrior of Tuhoe. Full many a fight with Maori and Pakeha had old Paerau seen, from the bloody field of Te Kauna to O-rangi-kawa. Versed was he in the arts of old, physical and sacerdotal, whereby the warrior may achieve fame, render his weapon efficient, and confound his enemies. Skilled in the use of weapons, past master in the art of karo (karo – to parry, avoid a blow). But when the old Ika-a-Whiro, in his declining years, journeyed to Napier to view the wonderous fire canoe of the Pakeha – it was then that Paerau of the fighting Tumatawhero, fell.
>
> They got him on board the train all right and, as she pulled slowly out of the depot, he seemed to think it was a very good sort of canoe. But when the driver opened her out, and Paerau saw the whole world flashing past him in dread flight, he became alarmed. He put his head out of the window and gazed at this new and awe-inspiring

sight. Aue! A frightful weapon is hurled at him. With the instinct of the trained fighter the old warrior lifted his arm to guard the blow – not in vain had the Son of Tu been trained in the arts of war, the parry was successful – and the telegraph pole flashed past to the rear. With a sigh of relief, but with dread forebodings in his heart, he lowered his guard. Aue! Te mamae roa! Another fell weapon of god or man is about to sweep him from the earth, but another karo is successful, and pole number two sweeps backwards to the sea.

She pulled into the next station safely, but Paerau had had enough. Paerau the fearless, the most renowned fighter of Tuhoe, from the days of Te Ikapoto and the scourge of Putaewa, he who looked the shining sun in the eye and lowered his own for no man from the dark canyons of Parahaki to the shores of the Sea of Toi – he quailed before the awful works of the Pakeha and their wonderous gods.

Koinei ngā kōrero a Te Peehi mō Paerau, he kōrero tohu i te tere o tōna kanohi me tōna ringa mau whakapuru. He kōrero hoki e tohu ana i te tangata kairākau, i a Paerau, he toa i kite i a Te Ikapoto, i a Te Purewa, ērā taniwha whakarihariha. Ahakoa te whakatairanga a Te Peehi i a Paerau kāore tonu i taea e ia te kuku i tōna wairua whakaparahako i te toa Māori, me tōna whakateitei i tōna ao Pākehā me ōna tuatangata.

Whakapapa 6: Paerau Te Rangikaitupuake (Paerau)[12]

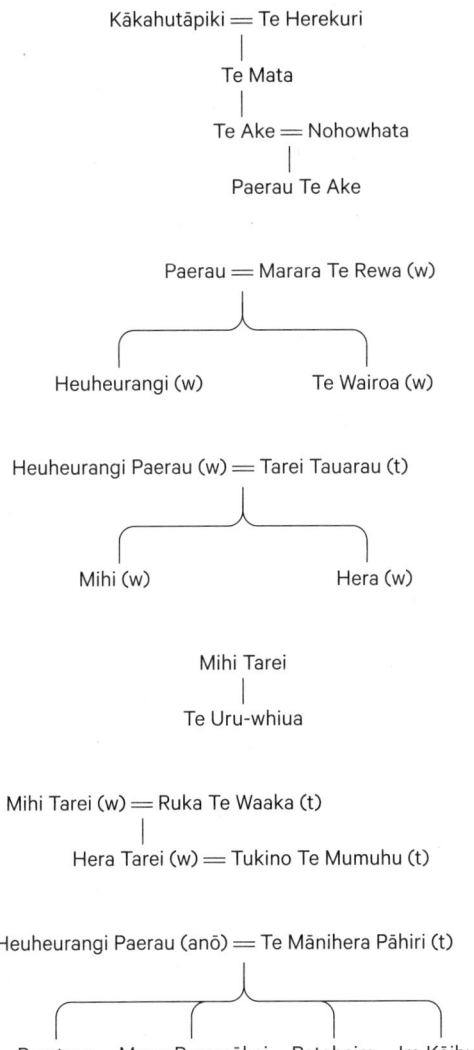

Kākahutāpiki = Te Herekuri
|
Te Mata
|
Te Ake = Nohowhata
|
Paerau Te Ake

Paerau = Marara Te Rewa (w)
┌─────────────┴─────────────┐
Heuheurangi (w)   Te Wairoa (w)

Heuheurangi Paerau (w) = Tarei Tauarau (t)
┌─────────────┴─────────────┐
Mihi (w)   Hera (w)

Mihi Tarei
|
Te Uru-whiua

Mihi Tarei (w) = Ruka Te Waaka (t)
|
Hera Tarei (w) = Tukino Te Mumuhu (t)

Heuheurangi Paerau (anō) = Te Mānihera Pāhiri (t)
┌─────────┬─────────┬─────────┐
Paratene Monu Paremōkai Petahaira Ira Kōihu

Paratene Te Mānihera = Raha Ere
├── Waihui (w)
├── Rore (t)
├── Airini (w)
├── Tewheni (w)
└── Te Haupai (w)

Monu Paremōkai Te Mānihera = Te Puehu 'Wero'
│
Paremōkai (he whāngai)

Ira Koihu Te Mānihera = Ringatū
├── Te Wā
└── Tiakina Mānihera

Te Wairoa Paerau (w) = Tūrei Hāwiki (t)
│
Rihi (w)

Paitini Wī Tāpeka

Ngāti Tāwhaki, Ngāti Maru o Maungapōhatu: He kōrero hoki mō Wī Tāpeka rāua ko Paora Wī Tāpeka

E ai ki a Te Peehi, i whānau a Paitini ki Maungapōhatu, ā, ko tōna karangatanga i reira ko Ngāti Maru. He pānga anō hoki ōna ki a Ngāti Tāwhaki. Ko tōna pāpā a Wī Tāpeka, nō Ngāti Kahungunu. Ko te take i tae mai ai ki roto o Ruatāhuna, he mea whakarau ia e tētahi o ngā ope taua o Tūhoe i roto i ngā pakanga i waenganui i a Tūhoe rāua ko Ngāti Kahungunu i muri mai i te matenga o Te Mautaranui.[1] Ka whakahokia mai ki Maungapōhatu. I reira ka moe i a Pūkaha o Ngāti Maru me Ngāti Tāwhaki. I noho Tūhoe a Wī Tāpeka, ā, i tōna matenga ka titoa e Pūkaha tana waiata tangi mō tana tāne, heoi kāore i te mōhiotia te ahunga o tēnei waiata:

Tenei ka noho ka kohi aku mahara
E hoa ma, e!
Me pehea ra te kino i te tinana
Me kawe ki te wai
Wehe ai te aroha ki te makau i rangia
I rangia e au i taku whanaketanga
Koi hine ana au, koi tama ana koe.
Ka haramai tenei ka horopuku te moe
Ko te moe a te manu
Ko te rite i ahau.

Ka kitea te matenui o Pūkaha ki tana tāne o Ngāti Kahungunu. Ko ā rāua tamariki ko Paora rāua ko Te Whatu – ko Paitini te ingoa kārangaranga o Te Whatu.

Ko Paitini tētahi o ngā puna o te kī i whakaheke i ngā kōrero o Tūhoe ki a Te Peehi. I te kāinga o Paitini, i Heipipi, rātau ko Te Peehi e taki noho ana, ā, nā tērā nōhanga tahitanga ka tino tata ngā hono whakahoahoa i waenganui i a rātau.

Neke atu i te toru rau ngā waiata a Tūhoe i waiatatia e Paitini, ā, nā Te Peehi i tuhi aua waiata. Ka mihi a Te Peehi ki te kaha o Paitini ki te maumahara ki tērā nui o te waiata.[2] Koinei te momo o tērā whakatipuranga ko te kaha o te hinengaro ki te pupuri i te kōrero. Nāna anō hoki ngā kōrero nui mō te Rautakitahi ki Ōrākau, tae noa ki ngā pai me ngā mate i pā ki a rātau i taua pakanga. Tokotoru rātau o tōna whānau i haere ki te pakanga; ko Paitini rāua ko tana tuakana, ko Paora, me tō rāua pāpā, a Wī Tāpeka. Ko Wī i mate atu ki te pakanga. Ko Paora rāua ko Paitini i ora.[3] Ko tana kōrero ki a Te Peehi, ka huihui ngā mōrehu, kātahi ka whakaora i ō rātau taotū. Nā Tāpiki i tīkaro te matā i tōna kūhā. Ka oti, ka mau ki tētahi rākau hai tiripou mōna, ka hīkoi ki Ruatāhuna. Kotahi tō rātau hōiho – i taotū anō – ka mutu, he wā ki tēnā, ki tēnā o ngā mōrehu, ki te eke i tō rātau hōiho, ā, ka tae rātau ki Ruatāhuna.

Ki ngā kōrero a tōku kuia, a Pareraututu, whāngai a Paitini, i mahara a Paitini mā kua mate hoki a Paora. Kāore rātau i kite i te ngaronga o Paora i a rātau e rere ana i te taua Pākehā. Koia ka mahara kua tū, kua mate. Kia tae rātau ki tētahi wāhi whakaruru ka noho ki te whakatā, ki te whakaora hoki i ō rātau taotū. Ā, ka puta atu a Paora. Tana koa ki te kite i tana tuakana. Kua oti te kōrero, i hoki a Paora ki te kimi i tō rāua pāpā, ki te tāpuke hoki i a ia.

I a au ka wānanga i ērā kōrero, ka mīharo ki te tangata o ērā wā. Te pakari o te toa. Ka mīharo ki a Paitini, anō nei ehara noa i te mea nui te matenga o tana pāpā i te pakanga, ehara noa i te mea nui tōna taotū. Tere tonu te tau o te ngākau kua mate ērā, ā, kia kaha ia ki te pakanga kia puta ia ki te ora. Kāore i whakamanamana, i whakamenemene mō ngā hōia i mate i a ia. Heoi anō mēnā kia kore e pūhia e ia, ko ia ka mate.

He pērā rawa te motuhenga o Paitini. Ka kitea tērā ngākau i roto i tōna whakaahua. E ai ki taku kuia, ki a Pareraututu nāna nei ko taku whaea, he koroua manaaki a Paitini i a rātau. He nui tō rātau matenui ki a ia. Kāore rātau i kite i te ngākau patu tangata i roto i a Paitini.

Nō muri i te pakanga a Te Kooti ki roto o Te Urewera i te tau 1871, ka moe a Paitini i a Makurata Himiona, he wahine toa i te wā o te pakanga a Te Kooti. I heke mai i te tātai whakapapa o Te Pikikōtuku, rangatira o Ngāti Pikiao. I noho rawa hoki a Makurata hai wahine mā Te Kooti i mua atu i te mutunga o te pakanga, ā, ko ia tētahi o te ope tokoiti i rere atu i Te Urewera ki te hōrangapai i roto o te Kīngi Kanatere.[4] Nā, ka noho rātau ki reira, a Te Kooti me ana wāhine, me tana iwi. Ka roa, ka tukuna e ia a Makurata kia hoki ki Ruatāhuna. Ko te take o te tuku, kia noho pai tonu ai te wairua i waenganui i a Tūhoe me Te Kooti. Kua oti rā hoki tana kōrero i Tāwhana me Te Aratāikiiki i te tau 1869 me te tau o muri iho, 'Tūhoe, ka tango i a koe hai iwi mōku'. E noho tonu ai a Tūhoe hai iwi mōna, me whakangāwari ia i ētahi o ana tikanga. Nā, ka tukua a Makurata kia hoki hai whakatakoto i te huarahi hokinga atu mō Te Kooti inā taka te wā. He mea whakarite rawa he ope tiaki hai whakahoki i a ia ki Ruatāhuna. Ka kākahuria a Makurata e Te Matua Tangata ki tana koti hōia[5] hai mahana mōna. Ka noho tērā koti hai taonga tapu ki te Hāhi Ringatū ki Ruatāhuna mai i taua wā, ā, mate noa a Makurata i ngā tau toru tekau o te rau tau rua tekau. He mea tāpuke taua koti me ia kia kore ai e noho hai take pakanga mā ngā tohunga o te Hāhi Ringatū.

Nā, ka moe a Paitini rāua ko Makurata. Nā tērā moenga ka ingoatia a Makurata ki a Te Waiōhine. Kāore ā rāua tamariki ake, he whare ngaro rāua tahi. Engari he tamariki whāngai ā rāua, ko taku kuia, ko Pareraututu, tētahi o ā rāua whāngai.

E ai ki a Pareraututu rāua ko Te Haumihiata Tāwera, i te whakaaraaratanga o Ōrākau, hiwā ana te mārua o Ruatāhuna e ai ki tō rāua koroua, ki a Paitini. Tō rātau ririka ki te haere ki te pakanga ki te Pākehā. Kua oti ngā whakahauhau a Paerau Te Rangikaitupuake, a Pareihe, a Piripi Te Heuheu me ētahi o ngā rangatira, kua uru te hihiri ki ngā taitama kia hīkina te ara o Tūmatauenga. Ko ētahi o ngā rangatira, kāore i tautoko i te tono a Rewi Maniapoto i ngā marama o mua atu kia haere rātau ki te pakanga i Waikato. Ahakoa ngā kōrero mō ngā here o te tatau pounamu i waenganui i a Te Purewa rāua ko Tūkōrehu i ngā tekau tau i mua atu, i te ruarua tonu ngā whakaaro o te matua iwi ki te haere.

He nui ngā kōrero mō Paitini kai te takoto i roto i ngā pukapuka e maha. Heoi, he tāpiritanga ēnei ki aua kōrero.

Ehara i te tangata whakapapa nui, engari he tipuna e kauanuanutia ana e ōna karawa, tae noa ki te hunga tuhi hītori mō ōna mōhiotanga, te koi o tōna hinengaro, te pakauaua o te tinana, me tōna ngākau manaaki.

Whakapapa 7: Paitini Wī Tāpeka

Marututu
|
Marumoko
|
Te Ruingaroro
|
Marukiriwhero
|
Manuhiri = Korou
|
Pūkaha = Wī Tāpeka (nō Kahungunu)
⎧―――――⎫
Paora   Paitini

Paora
|
Te Rangiua Paora = Te Urikore (wharengaro)

Tauaiti II
|
Korou
|
Pūkaha = Wī Tāpeka
⎧―――――⎫
Paora   Paitini

Paora
|
Te Rangiua = Te Urikore (wharengaro)

Paitini = Makurata (wharengaro)

Paraki Weretā

Ngāti Manunui

Kai te whakapapa o Pareihe ka kitea te whanaungatanga o Paraki Weretā ki taua rangatira; ka noho tamaiti a Paraki ki a Pareihe. E ai ki a Te Peehi,[1] ko Paraki te rangatira o Ngāti Manunui i Ruatāhuna. Koinei pea te wā i te tīmatanga o te rautau 1900.

Te āhua nei i pā tētahi mate ki a Paraki i Ōrākau, ko te whakapae he mate hinengaro (PTSD), nā te pahū o ngā pū repo me te pakū o ngā pū. Inā hoki nō te hokinga mai, kāore a Paraki e tawhiti atu i te kāinga, riro ana ngā mahi taumaha mā tana wahine e pīkau, ngā mahi e tika ana mā te tāne. Ahakoa, tekau mā tahi katoa ngā tamariki a tēnei rangatira e ai ki a Te Peehi.[2]

Ko Mutu Hākopa te wahine a Paraki, he tamāhine nā Hākopa, he tangata i pakanga ki Ōrākau. He wahine toa a Mutu ki te whāwhā hōiho, ki te whakamahi kurī, ki te pupuhi pū, ki te whai poaka. I a ia ngā momo taputapu katoa e pā ana ki ngā mahi i rataina e ia; he raiwhara āna, e hia ōna tera, paraire; he kara whakamau i ngā tīni tō, ngā hemi, ngā tīni. Ahakoa he aha te whakararu i ōna marae i Ōpūtao me Te Umuroa, kua mau ki tana hōiho, ki ana kurī, ki tana raiwhara, kua haere ki te whakangau poaka hai kai mō te whakararu. Mā te mau rawa o tāna i whai ai, kātahi anō ka hoki mai. I ōna rā, ko ia tētahi o ngā tino kaiwhakangau poaka o Tūhoe. Tekau mā tahi katoa ā rāua tamariki ko Paraki. Ko ētahi o ā rāua tamariki i whānau tonu ki runga i te tera.[3]

Ka mate a Mutu, kāore i mōhiotia te take. Ka tāpuketia ki te urupā kotahi o ngā marae e rua. Kai waenganui tēnei urupā i ngā marae nei. He mea hanga he whare ki taua urupā hai takotoranga mōna. Ka mate rā a Mutu, ka wehe te ao ki a Paraki, ka whakamomori ki tana wahine. Ka whakatū i tana tēneti ki te taha o te urupā kia tata atu ai ki te takotoranga o Mutu. He roimata te kai i te ao, i te pō. Koinei rā te tohu o te aroha o te tāne ki tana wahine. Ka roa te wā, ka hangaia e ia he whare pērā te rite me te āhua ki te whare e takoto rā a Mutu. Ka whakaemitia e ia ngā taonga katoa me ngā taputapu a tana wahine – ngā tera, ngā pū, ngā naihi, paraire, kara hōiho, hemi, taputapu hū hōiho, ana taonga katoa – kātahi ka raua ki roto i taua whare. Ko te take i pērā ai, kia kore ai a Paraki e kite i aua taputapu hai whakamahara i a ia ki tana wahine. Kai reira tonu aua whare e tū ana. I hinga tētahi i te hau, ka whakatūria anō. Ko te hiahia o Matu White i te tau 2002, he huaki i te whare kai reira ngā taputapu e takoto ana, kātahi ka tāpuke. Ko te take he kore nōna e mōhio ka ahatia rā e ngā whakatipuranga e piki ake ana. Ko tana mataku kai hokona atu aua taputapu. He pai ake te tāpuke i te wā e ora ana a ia.

Whakapapa 8: Paraki Weretā

Hīria = Weretā
|
Paraki Weretā = Mutu Hākopa

Anania	Nikora	Te Waihīnau	Nehemia	Wāhia	Poroutaina
Te Aranga	Akuhata	Materoa	Apirana	Rawiri	

Apirana
|
Paerau

Kahuwī   Mihi

Kahuwī = Rihi Marsden

Pīpī   Serena   Boydie   arā atu rātau

Mihi = Te Uara Taputu
|
arā atu ā rāua hua

Paerau (anō) = Witoria Taiwera
|
Pahau

Hākopa Poroutaina (Hākopa)

Ngāti Manunui

I haere tahi a Hākopa i te taha o Paraki rātau ko Pareihe. He hunaonga nāna a Paraki, i moe i tana tamāhine i a Mutu. I hoki mai a Hākopa ki te Ruatāhuna ka mate kaumātua ki Te Umuroa. Kai reira tana kōhatu, he mea whakatū hai whakamaharatanga ki a ia.

Whakapapa 9: Hākopa Poroutaina (Hākopa)

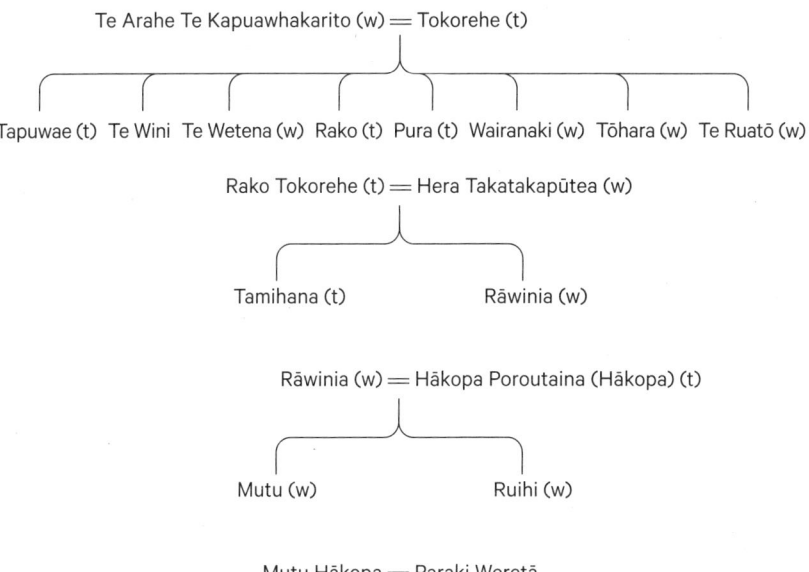

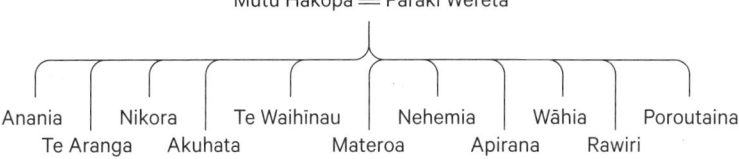

Tamarau Waiari
(Te Mākarini Te Wharehuia)

Ngāti Kōura: He kōrero hoki mō Hineana Ngāi Te Riu me Ngāti Hinekura

Nō te tau 1835 pea i whānau ai a Tamarau. Ko ōna ingoa kārangaranga ko Te Mākarini Te Wharehuia, ko Te Mākarini Kaikino rānei. Ko tōna papa ko Waiari – ko Paenoa tētahi o ōna ingoa – he rangatira nō Ngāti Kōura. Ko te whaea o Tamarau ko Hera. I whānau atu a Tamarau ki roto o Waikato i te haerenga o Waiari mā ki te hoko pū i a Ngāti Maru. E hoki mai ana ki te kāinga ka pakanga ki a Ngāti Hauā, ka mate a Waiari. Ka riro a Tamarau mā tōna matua whakaangi, mā Te Ahoaho e whāngai. Kotahi tonu te pāpā o Te Ahoaho rāua ko Waiari, he rerekē ngā whaea.

Whakapapa 10: Te Ngahuru

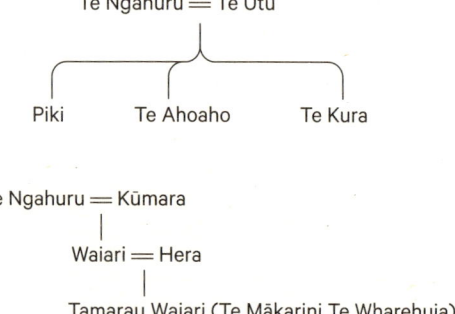

Te taiohitanga ka tukuna a Tamarau e Te Ahoaho ki te kura mīhana i Ōpōtiki. Nō konei pea tōna ingoa Pākehā, a Te Mākarini. Ka mōhio ki te tuhituhi, ka hoki ki Ruatāhuna hai kaikauhau i te rongopai. I reira, ka whakangungua e Te Ahoaho ki ngā kai mārō a tōna iwi, ki ngā kōrero o te rangi me te whenua, ki ngā whakapapa me ngā tikanga tapu o tāukiuki. Ka moe i tana wahine o Ngāti Hinekura, ko Mareta te ingoa, ka noho ki Waikaremoana ki te ārai atu i a Kahungunu e whakatete mai rā. Kāore rāua e whiwhi tamariki, whakatika atu ka moe i tana wahine tuarua, i a Hineana – ko Pirihira tētahi o ōna ingoa – nō Ngāi Te Riu i Ruatāhuna. E ono rawa ā rāua tamariki, he wāhine katoa. Tāu tā te rangatira mahi, whakatika atu anō, ka moe i te wahine tuatoru, ko Roka te ingoa, nō Ngāi Te Riu anō. I te tau 1864, i te marama o Āperira, ka uru ki te Rautakitahi o Tūhoe ki Ōrākau, ki te utu i te pōhiri a Rewi Maniapoto. I haere a Hineana i tōna taha, ā, i mate atu ki Ōrākau. Kāore he kōrero nui rawa i te mau mō Hineana i tua atu i tana whakapapa rangatira me te whakairo a Tūhoe i a ia ki roto i tā rātau manawawera e kore ai ia e warewaretia haere ake nei.

Ka hua ahau ki te kōhā e huaki nei mō wai?
Kāore koa ko te maunutanga o te taniwha ki te rua kōhā!
I Matakuhia ko Te Ao, ko Te Muri,
Ko Horopāpera ki Whakapunake.
Ki Panekire ko Te Umuariki, ko Tūkahara, ko Tapuwae;
Ki Huiarau ko te hekenga o Te Kuru-o-te-marama.
Ko Hineana ki Ruatāhuna.
I tangohia i te tihi o Manawarū i a Mārata, i a Penehio.
Haere 'hau, kore atu rā koutou, e tama mā ki te mate.
Tērā a Tikitū, a Toihau,
Nāna Wharangi koe i whakamakariri atu ki Pōhaturoa.
Ehara i muri nei.
Kua whakataukītia ko te uri o Tūhoe
Moumou tangata ki te pō!

Te hokinga mai o Tamarau i Ōrākau ka noho ki Ōtenuku i Rūātoki, ki Te Purenga, ki Rāroa i Te Waimana, ki Ōwhakatoro me Ōpōuriao. Ko tāna mahi he pupuri i te mana o Ngāti Kōura ki aua whenua, kai te ātete mai hoki ngā karawa o tai.

I te tau 1867, ka tono ki Te Kooti Kāpeneheihana[1] kia whakahokia mai a Ōpōuriao i raupatutia rā e te kāwanatanga i raro i te Ture Whakanoho o te tau 1863.[2] Kāore i whakaaetia tana tono. Whakatika atu a Tamarau, ka noho ki Puketī ki te ārai atu i ngā hōia me ngā kainoho Pākehā. Ka hopukina rātau e te kāwanantanga ka mauheretia ki te Ana o Muriwai i Whakatāne.

Te putanga mai, ka hoki ki Waikaremoana noho ai, ā, nō te wā i a Te Kooti Rikirangi i hou atu ai ki reira, ka noho hai haumi kairākau mā Te Matua Tangata. Haere nei, ka tipu te kōpā i waenganui i a rāua, ā, nō te hopukanga a Te Kooti i a Mareta, ka wehe rāua, engari haere tonu tana pakanga ki te kāwanatanga. I te tau 1870, ka haere rātau ko Te Whenuanui, ko Te Ahikaiata ki Ahuriri, ki te hohou i te rongo ki a Te Ōmana.

I roto ia i Te Whitu Tekau, te rōpū whakahaere i ngā take a Tūhoe i muri mai o ngā pakanga ki Te Urewera. Ko ia anake te rangatira i tohe kia mahia te rori mai i Te Wairoa ki Waikaremoana – riro ana i tāna. Engari ka taka ia ki waho i te kāhui o Te Whitu Tekau i tōna hainatanga i ngā whenua o Tūhoe e karapoti ana i Waikaremoana ki te Karauna. Ko te nui o te whenua i hainatia e rātau ko ngā rangatira o Ngāti Kahungunu ki Te Wairoa, 172,500 eka te nui. Ko ia anake te rangatira o Tūhoe i haina. Ka mutu, kāore ia i whakapā ki ana hoa rangatira o Te Whitu Tekau i tōna hainatanga. Ka pōuri ētahi o ngā rangatira, ka rere ngā reta whakahē a Kererū Pukenui rāua ko Te Wakaūnua mai i Maungapōhatu ki a Te Mākarini.[3] Engari ka aua atu te kaupapa e rere ana. I whakahē hoki a Te Whenuanui engari ko tāna putanga ko te waiho mā te ngākau aroha o te Pākehā hai utu te hē. Tēnā wawata nui tēnā. Ka tau ngā raruraru ka hoki anō a Tamarau ki Te Whitu Tekau, kāore hoki ngā rangatira o Te Whitu Tekau i whakaae kia noho mai ia ki waho.

Nāna ētahi kōrero nui ki a Te Peehi i puta ai te pukapuka a taua Pākehā i te tau 1925; ko *Tuhoe Children of the Mist* taua pukapuka. E ai ki a Te Peehi, e toru rā a Tamarau e whakaheke ana i ngā whakapapa o Tūhoe. Kore he tangata pērā te pai o te hinengaro ki te tātai whakapapa e ai ki a Te Peehi.

Ko te whakapae, nō te tau 1904 a ia i mate ai. Ka riro tōna tūranga mā tana tamaiti, mā Takurua hai whakakī.

Nā, kia whakatā i konei. Kia hoki ake ki te haerenga o Te Mākarini ki Ōrākau. Nā tana pāpara whāngai i a ia, nā Te Ahoaho te kōrero i Ōpūtao kia kaua a Tūhoe e haere ki te pakanga engari me noho ki te tāwharau i ngā whenua o Tūhoe. Kāore a Te Mākarini i aro ake ki te kōrero a tōna pāpara, ka whai i te ope a Piripi Te Heuheu ki te pakanga. Ko te pātai, he aha rā i takahia ai e ia te kupu a Te Ahoaho? Ko tā ngākau whakapae, nā te mea kua puta mai ia i te ātārangi o tana pāpara, kua rangatira, he mana anō tōna. Engari nō te hokinga mai i Ōrākau ka mānenei ia mō tōna haerenga ki te pakanga i te uru. Kua riro nei ngā whenua o Tūhoe, kua pōhara, ka puta ana whakapae mō Ngāti Maniapoto. Ko tana kōrero nā Ngāti Maniapoto i uru ai a Tūhoe ki te raruraru me te kāwanatanga. Me tana hiahia ki te hoki ki reira ki te āwhina i te kāwanatanga ki te muru i te mate o Timothy Sullivan.[4] E ai ki tana kōrero: 'kai te hiahia hoki ahau ki reira te take na tera iwi au i whakawhiu ki te mate no reira a Te Urewera i hiahia ai ki te haere ki reira.'[5]

Mārama ana te kitea o te huri o ōna whakaaro. Engari ko te āhua tēnei o te tangata kua taka ki ngā tūpuhitanga o te wā.

Anei te whakapapa o Tamarau e whakaatu ana i ōna whakahekenga i a Ueimua rāua ko Tūhoe kia puta ki tana tipuna, ki a Te Ngahuru.

Whakapapa 11: Toroa ki a Tamarau Waiari (Te Mākarini Te Wharehuia)

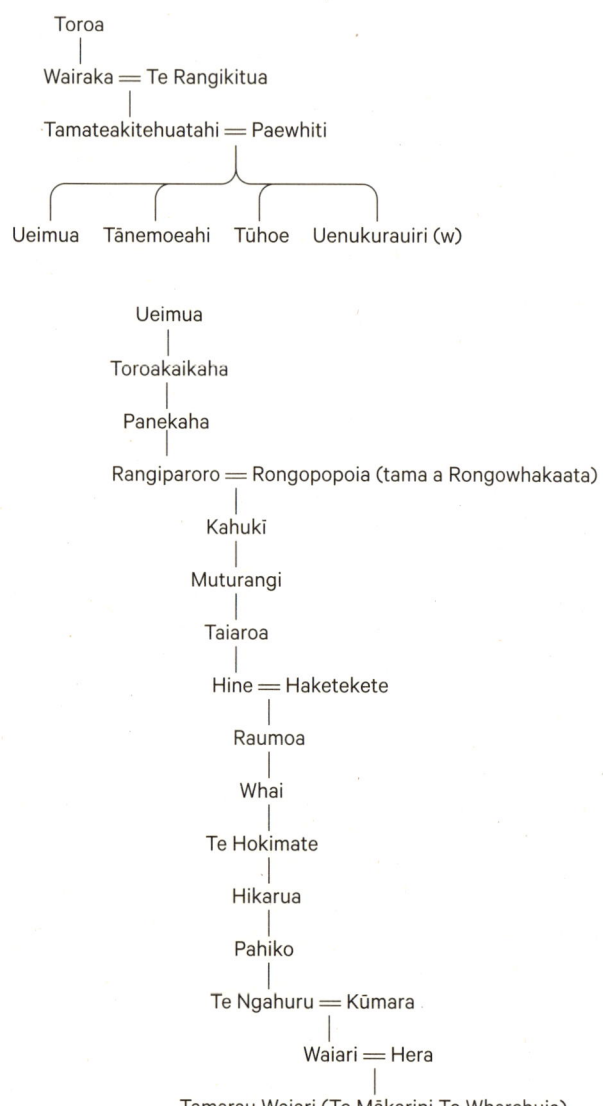

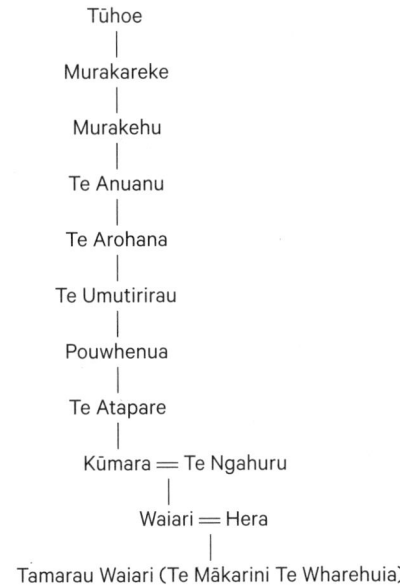

Tūhoe
|
Murakareke
|
Murakehu
|
Te Anuanu
|
Te Arohana
|
Te Umutirirau
|
Pouwhenua
|
Te Atapare
|
Kūmara = Te Ngahuru
|
Waiari = Hera
|
Tamarau Waiari (Te Mākarini Te Wharehuia)

Anei tana hekenga iho i a Kōurakino nāna nei i hua ai a Ngāti Kōura.

Whakapapa 12: Kōurakino ki a Tamarau Waiari (Te Mākarini Te Wharehuia)

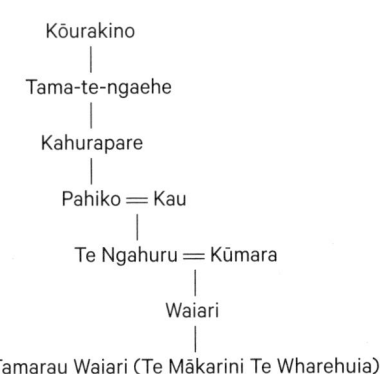

Kōurakino
|
Tama-te-ngaehe
|
Kahurapare
|
Pahiko = Kau
|
Te Ngahuru = Kūmara
|
Waiari
|
Tamarau Waiari (Te Mākarini Te Wharehuia)

Koinei ngā moenga a Tamarau i ana wāhine tokotoru. Ko te mea tuatahi ko Mareta, kāore ā rāua tamariki. Ko te tuarua o ngā wāhine, ko Hineana, ko Pirihira rānei, he tamāhine nā Matiu. I mate atu a Hineana ki Ōrākau, ā, kai roto i te manawawera e whakahua ana i a ia:

> ... *Ki Huiarau ko te hekenga o Te Kuru-o-te-marama,*
> *Ko Hineana ki Ruatāhuna*
> *I tangohia i te tihi o Manawarū ...*

Ko te tuatoru o ana wāhine ko Roka, nō Ngāi Te Riu anō, i heke iho i a Tāwhaipuku ki a Tararehe, ki a Hikarangi, ki a Te Mumuhu, ki a Matiu, ki a Te Maromako, nāna ko Roka.

Whakapapa 13: Ngā wāhine a Tamarau Waiari (Te Mākarini Te Wharehuia)

Tamarau Waiari (Te Mākarini Te Wharehuia) = Mareta (kāore he uri)

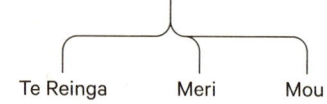

Te Reinga   Meri   Mou

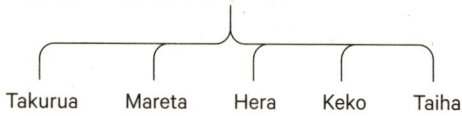

Takurua   Mareta   Hera   Keko   Taiha

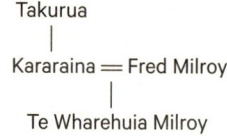

Takurua
|
Kararaina = Fred Milroy
|
Te Wharehuia Milroy

Pareihe

Ngāti Manunui

Kai ngā kōrero a Paitini[1] e kī ana, i rangatū rātau ki te raki i raro i ngā rangatira, i a Te Heuheu, i a Te Waru, i a Paerau me Pareihe.

E tohu ana ngā kōrero a Paitini i te tūranga rangatira o Pareihe. He mana te kupu a tērā rangatira. Engari he iti noa ngā kōrero e mau ana mōna, heoi anō ko te whakapapa e takoto ana. Nō Ngāti Manunui a Pareihe. Ko Te Umuroa tō rātau pā. Nā ōna uri i hanga te marae e tū nei i tēnei rā.

I haere tahi rāua ko tana tamaiti whakaangi a Paraki Weretā, ki Ōrākau. Ko Hīria te māmā o Paraki. E ai ki te whakapapa, he tuahine a Hīria nō Pareihe.

Whakapapa 14: Pareihe

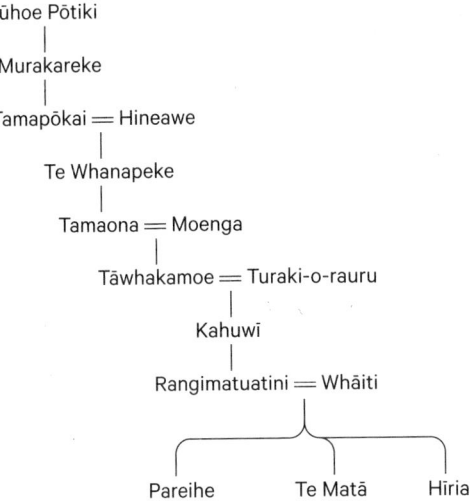

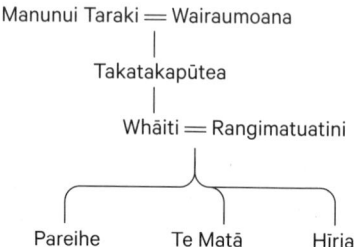

Kai te whakapapa e whai ake nei ka kitea tōna hononga atu ki a Parahaki rāua ko Mihikitekapua I.

Whakapapa 15: Pōtiki ki a Pareihe

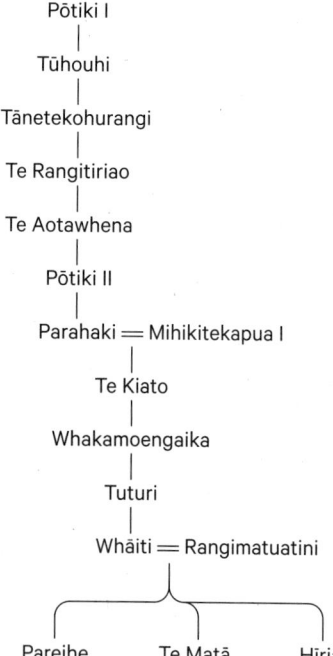

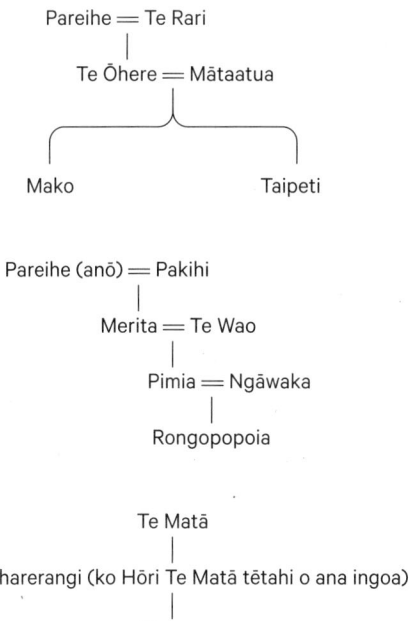

Ko ngā uri o tēnei tipuna, o Pareihe, ko te whānau a Taipeti. Mā ēnei o ōna uri hai whaiwhai ake ngā kōrero mō tō rātau tipuna, mō Pareihe.

Penehio Tamaiākina Tipoko

Ngāti Kurī

Kai te whakapapa o Hoera Rukutanga e mau ana te tātai o Penehio Tamaiākina Tipoko, ko Penehio tōna ingoa e mōhiotia ana. Kai roto i te manawawera e takoto ana ngā kupu whakahua i a Penehio, he mea tuhi ki te tā hanganoa.

Ka hua ahau ki te kōhā e huaki nei mō wai?
Kāore koa ko te māunutanga o te taniwha ki te rua kōhā.
I Matakuhia, ko Te Ao, ko Te Muri,
Ko Horopāpera ki Whakapunake.
Ki Panekire ko Te Umuariki, ko Tukahara, ko Tapuwae.
Ki Huiarau ko te hekenga o Te Kuru-o-te-marama,
Ko Hineana ki Ruatāhuna.
I tangohia i te tihi o Manawarū,
I a Mārata, i a Penehio;
Haere au kore atu rā koutou e tama mā ki te mate…

Kāore i te rato ngā kōrero mō Penehio i tua atu i ēnei pitopito kōrero kai roto i te manawawera nei. Engari me whai whakapapa nui, ā, me nui hoki te tangata ki ngā whakaaro o te iwi e whakaurua ai ki tētahi manawawera. I mate atu ia ki Ōrākau. Nō Ngāti Kurī tēnei tipuna inā hoki:

Whakapapa 16: Penehio Tamaiākina Tipoko

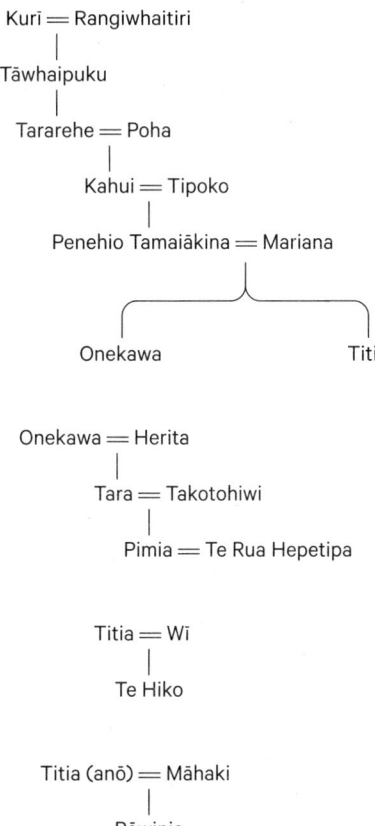

Hai tāpiri atu i ngā paku kōrero mōna, he uri tata ia ki a Pareihe rāua ko Paraki, ko taua tātai whakapapa anō. I tua atu i a Kahui, arā atu anō ngā tamariki a Tararehe rāua ko Poha. Ko ngā ingoa o ērā o ngā tamariki, ko Te Moko, ko Kuiatewai, ko Whakapu. Nā Te Moko ko Rangimatuatini, ka moe i a Whāiti ka puta ko Pareihe rāua ko Hīria. Nā Hīria ko Paraki Weretā.

Tarei, Te Iriwhiro, Tauarau Wiremu

Ngāti Kurī

Ko Tarei, ko Te Iriwhiro, ko Tauarau, ko rātau te tokotoru a Te Wiremu i taki haere ki te pakanga ki roto o Ngāti Maniapoto. I whai rātau i te ope a Piripi nā te mea nō Tamakaimoana anō hoki rātau tokotoru, te hapū i noho ai a Piripi. I Ruatāhuna rātau e noho ana. Ko te wahine a Tarei ko Putiputi Paparatū.

Ka rere ki te uru. I Ōrākau ka taki pakanga ki te Pākehā. Ko rātau tokotoru i ngā parepare o ngā maioro e puhipuhi atu ana i ngā hōia. Nā te ngākau auaha o te toa, ka tarapeke a Tarei rātau ko ētahi o ngā toa ki runga i ngā parepare o ngā maioro, ka tīmata ki te haka atu ki ngā Pākehā, ka tū a Tarei i te matā, ka mate.[1] E kī ana a Te Iriwhiro, i ora ai rāua ko Tauarau, he kore nō rāua e mōhio ki te haka pērā i tō rāua tuakana.[2]

I waiho tonu a ia me ngā kaipakanga i matemate ki te pā o Ōrākau. He mea whakatakoto ki tētahi wāhi o te pā, kia kore ai e pōrearea i ngā mea ora e pakanga tonu ana. Tuarua, ko te ngana kia wehea te hunga mate i te hunga ora ahakoa te kōpā o te pā whawhai. Kāore e taea te heri ki waho i te pā, kai reira hoki ngā Pākehā e karapoti ana i te pā. Koirā te mahi a Te Mauniko mā, he tō i ngā mea mate ki taua wāhi, he opeope i ngā mea i taotū. Engari ko te pō kau anake tō rātau āhua i taua pakanga.

Nō Tarei te hōiho i tae tuatahi ki Ruatāhuna, i puta ai te mōhio ki te hunga kāinga kua parekura te Rautakitahi. Ko te kōrero tuku iho i roto tonu te hoari a Tarei i tōna pūkoro. He mea here ngā hōiho o te Rautakitahi ki tētahi wāhi e maharahia ana kāore e taea atu e te Pākehā. Ka mutu, ko te whakaaro, ki te kore e taea te ārai atu i te hoariri, kai te tata mai ō rātau hōiho hai rerenga mō rātau i te mate ki te ora. Engari i rokohanga e te Pākehā, ka murua ētahi, ka āia ētahi kia oma. Ko ngā kaitiaki i ngā hōiho i mate i roto i te papātanga ki ngā Pākehā.

Ko te wahine a Tarei ko Putiputi, nā rāua ko Ramarihi, ka moe i a Tinimēne tuarua ka puta ko Tinimēne tuatoru, ka moe i a Parerauutu ka puta ko Putiputi te tuarua, ka moe i a Hōri Te Umuariki Temara, ka puta ko au, ko Pou Temara.

Ko Putiputi tētahi o ngā wāhine i roto te kapa pouaru e manawawera atu ana ki ngā mōrehu o Ōrākau i te hokinga mai ki Ruatāhuna. Ka moe anō a Putiputi i te Pākehā ka puta ko Te Wainamu, he wahine. Ka moe a Te Wainamu i a Tamati Cairns ka puta ngā tamariki Pākehā ake nei te āhua. Ka moe anō a Putiputi i a Hōri Karaka o Te Aitanga-a-Hauiti ka puta tokorima ngā tamariki.

Ko Te Iriwhiro rāua ko Tauarau i puta ngā ihu, ā, i mate kaumātua ki Ruatāhuna.

Whakapapa 17: Pōtiki ki a Tarei

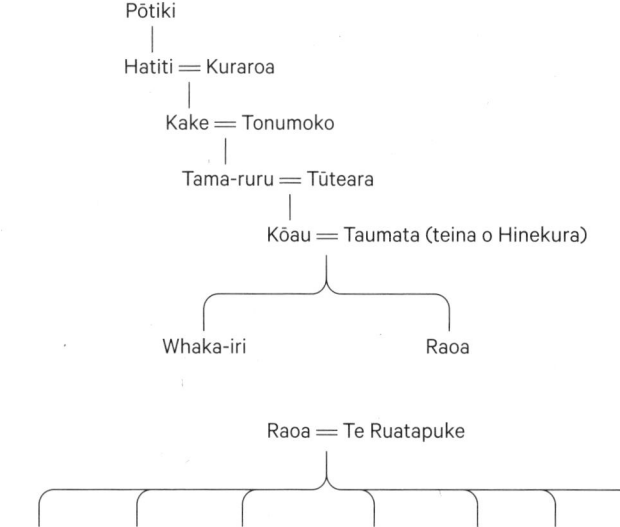

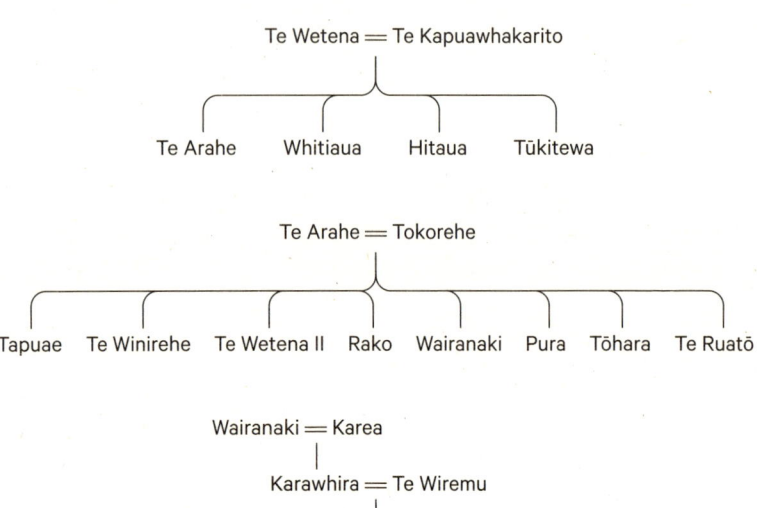

Whakapapa 18: Kurīkino ki a Tarei

Kurīkino = Matarau
├── Awarehe
└── Te Neke

Awarehe = Te Aorangatira
├── Te Wiremu
└── Mikaera

Te Wiremu = Karawhira
├── Tarei
├── Tauarau
├── Te Maipi
├── Te Whenuariri
└── Te Iriwhiro

Tarei = Putiputi
│
Ramarihi = Tinimēne
│
Tamahou Tinimēne = Pareraututu
│
Putiputi = Hōri Te Umuariki Temara
│
Pou Temara

Hoera Rukutanga

E ai ki a Te Peehi, i mate a Hoera ki Ōrākau. Kāore i kitea he kōrero mōna i te tuhinga o ēnei kōrero. Anei tana whakapapa e whai ake nei.

Whakapapa 19: Hoera Rukutanga

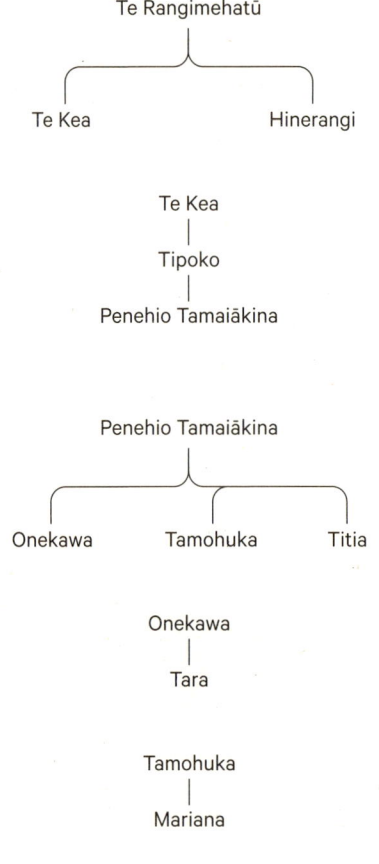

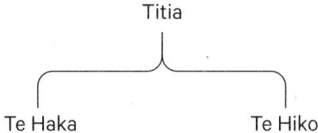

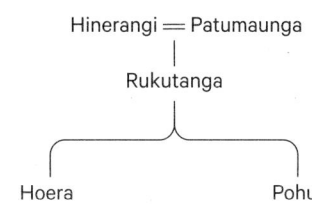

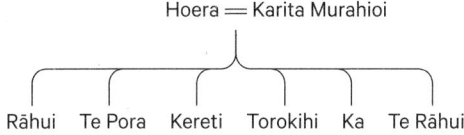

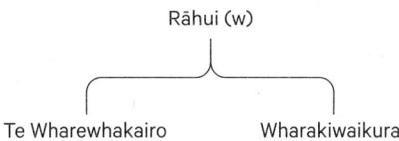

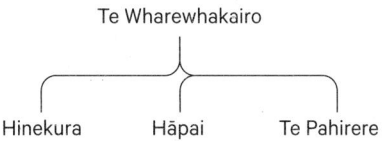

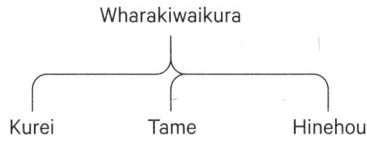

Te Pora
|
Aterea Te Pauro
|
Nikora Kiingita
|
Te Pora Paeakau

Ka
|
Makarita

Te Rāhui Hoera ═ Hera Waretini (w)
┌─────────┬──────┴──────┬─────────┐
Hāriata   Rere (w)   Rangitukia   Waretini (t)

Pohu
┌──────┴──────┐
Te Hura   Hauriri

Te Hura
|
Akuhata Mu
┌──────┴──────┐
Riri   Te Aorahi

Hauriri
|
Ripine Te Kore
┌──────┬──────┐
Pōnika   Merihi   Wiremu

Mānuera Hautū

Ngāti Tāwhaki, Ngāti Hinekura, Ngāti Ira

Ko Mānuera Hautū tētahi o ngā kairākau nō Waikaremoana i whai i te ope a Horopāpera mā kia hono atu ki a Te Whenuanui me tōna ope i Ruatāhuna. I mate atu a Mānuera ki te pakanga. Nō te taunga o te rongo i muri mai, ka hoki ōna uri ki te hahu mai i tōna tūpāpaku, engari kua hahua kētia e wai rā. E ai ki ngā uri nei, ko tō rātau rongo he mea hahu a Mānuera kātahi ka kawea ki tētahi toma e pātata atu ana ki Aotearoa.[1] Mēnā e pono ana tēnei kōrero, kāti, nā ngā Māori o Ngāti Raukawa, o Maniapoto rānei i hahu; ehara nā ngā Pākehā. E ai hoki ki te kōrero a Te Aue Davis ki a mātau i te tau 2000, he mea whiuwhiu ngā tūpāpaku Māori – tāne, wāhine mai – e ngā hōia ki roto i te rua kotahi, ka tanumia. Koinei ngā rongo kōrero a Te Aue i ana pakeke o Ngāti Maniapoto. Nō muri, ka haere atu ngā Mihingare ka heria ngā kōiwi ki te urupā i Te Awamutu, ka tanumia ki te tanu Karaitiana.

E ai anō hoki ki te kōrero, ko Hape tētahi o ngā tāngata o Waikaremoana i whai i a Mānuera ki Ōrākau.[2] Ki te whakapapa i roto i te pūrongo o *Waikaremoana: He Tipua, He Taniwha, He Tangata*, 2005, ka noho taina a Hape ki a Mānuera. Heoi anō.

Whakapapa 20: Mānuera Hautū[3]

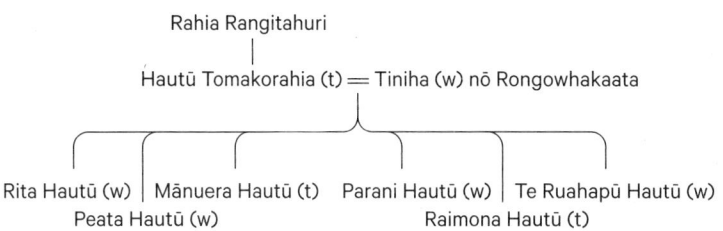

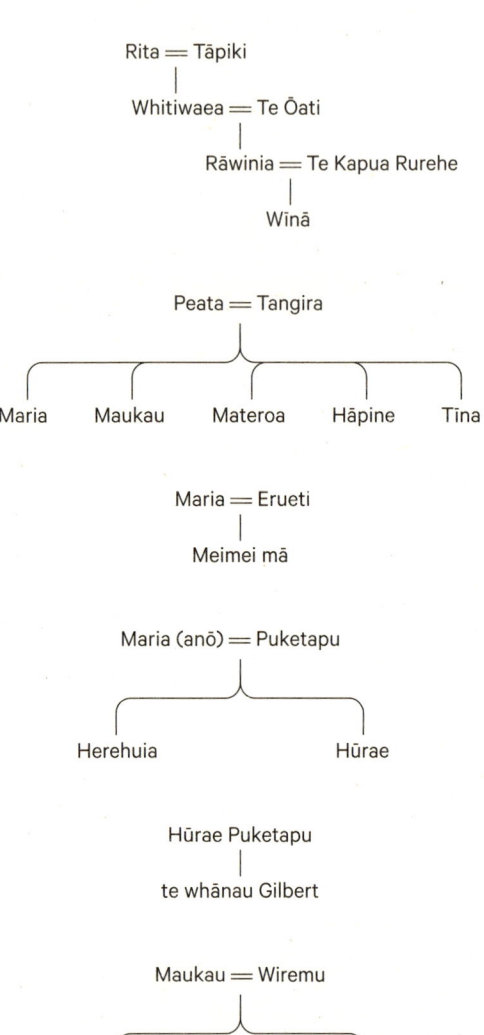

Te Marae
|
Tame Pinati
|
Hārata

Rūpī = Rotu Rigby
|
Hemopo Te Rangipaongātahi = Te Akakura Tihi
|
Te Ripowai Higgins me ōna tāina

Raimona = Taihuka
├── Te Kura
├── Teku
├── Hautū
└── Tāoho

Te Kura = Te Nehurua
├── Pare
└── Nika Pūru

Nika Pūru = Te Rori Te Heuheu

Teku = Hoani
|
Ranginui = Whaitiri
├── Tamihana
└── Waereti

Hautū
|
Hautū II = Te Iwa
|
Mina

Tāoho
├── Pita Tāoho
└── Ngahiriwa = Haami
     |
     Te Ōtawa
     |
     John Clarke

Mānuera Hautū (i mate atu ki Ōrākau) = Pera Tawa (w)
├── Te Pukeiotu Mānuera
├── Te Rana Mānuera (w)
└── Turipa Mānuera (t)

Te Pukeiotu Mānuera = Meri Tamarau (w)
|
Te Mapu Te Pukeiotu (t) = Ngapera Tiopira (w)
|
Hineterangi Te Mapu (w)

Te Rana Mānuera (w) = Te Araroa Rehua (t)
|
Te Pou (t)

Turipa Mānuera (t) = Ngāwati Te Whanoke (w)
├── Toko Mānuera
├── Tūawhenua (Tūwhenuakura rānei)
├── Kuramihirangi (w)
└── Ngākōrau (1905 i whānau ai)

110 | Te Rautakitahi o Tūhoe ki Ōrākau

Te Ahikaiata

I whai a Te Ahikaiata i te ope iti a Te Whenuanui ki te whai i te ope a Piripi Te Heuheu ka aua atu rā e rere ana ki roto o Maniapoto. Ko tōna kāinga i te taha whakateraki o te awa o Whakatāne, i Ngā Māhanga. Ko ōna whakahuanga ingoa ko Tamana, he wā anō kua kīia ko Ihakara.

I hoki ora mai a Te Ahikaiata i Ōrākau, ā, ko ia anake te kairākau kāore i taotū i te pakanga. Ka noho ko ia te kaiāwhina i a Tāpiki ki te opeope i te hunga i taotū. Ahakoa tōna tūranga rangatira, ka whakapāpaku ia ki te opeope i te hunga kua tū, kua whara i te pakanga.

I uru atu hoki ia ki te pakanga a Te Kooti i roto o Te Urewera i ngā tau o muri iho, ā, nō konei i piki ai tōna mana. Ka tukuna atu ia e te kāhui rangatira – terā momo i a Te Whenuanui, i a Paerau, i a Kererū Te Pukenui, i a Tamarau, i a Tūtakangahau – ki roto i tō rātau kāhui. Noho ana ko Te Ahikaiata tētahi o ngā kaiārahi i te iwi i roto i ngā paringa me ngā timunga o te pakanga a Te Kooti. Ka haere te pakanga, ko noho ko Te Ahikaiata te ringaringa o Te Whenuanui, kāore ia i tawhiti atu i a Te Whenuanui, ā-tinana, ā-kaupapa hoki. Tō rāua rite, ko te tata o Te Whenuanui rāua ko Paerau. I roto i ngā whakatau nui a Tūhoe ki te kāwanatanga me ōna māngai, ka kitea a Te Ahikaiata e tuku whakaaro ana. Ka piki tōna mana, ka tukituki ia ki ngā rangatira o Tūhoe. I te mahere a Tūhoe ki te kōkiri i Ōhiwa i te tau 1868, kāore a Tamaikōhā i tautoko. Nā, ka tuki rāua, ko ā rāua rākau whawhai ko te tuhirau. He pērā anō tana tukituki ki a Kererū Te Pukenui i taua wā anō. Ka tahuri a Te Ahikaiata ki te whaiwhai i a Kereopa Kaiwhatu, kia mutu ai te pakiriha a te kāwanatanga i a Tūhoe. Kimi rawa ake, ka aua atu a Kereopa. Ka whakapaetia e Te Ahikaiata, nā te pūrahorua o Kererū i puta ai te ihu o Kereopa. Te āhua nei nā Kererū rātau ko ētahi o ngā rangatira o Tūhoe a Kereopa i taki ki te pae o te rohe, ka rukea atu ki tērā taha o te pae me te kī atu, 'Haere, kaua e hoki mai'. Nā, he rangatira mana nui a Tamaikōhā rāua ko Kererū, kia noho hai hoa tāuteute mō Te Ahikaiata. Koia te tohu o te piki o te mana o Te Ahikaiata.

I te whakaaratanga i Te Whitu Tekau i te tau 1872, noho ana ko Te Ahikaiata te hēkeretari o taua rōpū. He tangata mārama, ko ia tētahi o te kāwai rangatira e mōhio ana ki te tuhituhi i taua wā. Nō muri rawa mai ka haere ki Rūātoki noho ai, mate atu ki reira.

Whakapapa 21: Te Ahikaiata

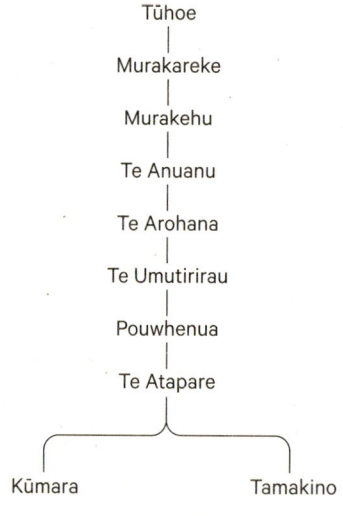

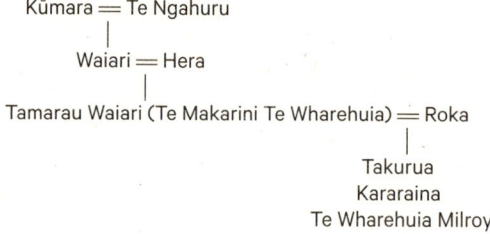

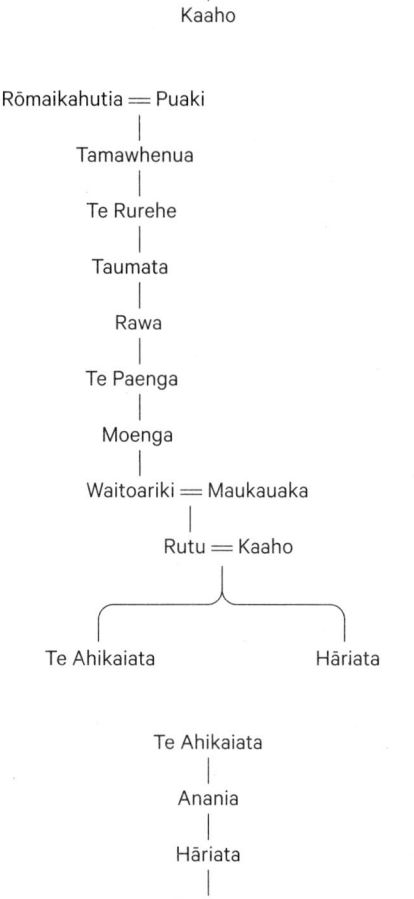

Kāore ahau i te mōhio ko wai ngā uri o Te Ahikaiata. Mā rātau anō e tohu mai ko wai rātau inā pānui i ēnei kōrero.

Tāpiki rāua ko Penetiti

Ngā Tohunga o te Rautakitahi
Ko te reo o Hikawera e kōrero nei.

Ko Penetiti rāua ko Tāpiki ngā tohunga o te Rautakitahi. Rāua tahi i noho ki Te Wharau, e pātata ana ki Waikarewhenua. He pā iti a Te Wharau i tērā wā, ā, nō muri mai i Ōrākau ka nōhia a Te Wharau e te maha tangata. I tipu ake rāua i te ahurea Karaitiana, kua taka hoki rātau ki tērā rongopai i taua wā. Kotahi Rātapu i te marama, ka haere ki ngā miha a te Hāhi Katorika i Waikarewhenua. Ko te kāinga o ngā Katorika i reira ko Ngāhareta, he ingoa nō te Paipera.[1] He tokomaha rātau ka haere i aua Rātapu. Hai ēnei haerenga kua heri kai mā ngā pirihi i Waikarewhenua. Kua mutu te miha kua hoki ki tō rātau pā i Te Wharau. Hai ētahi Rātapu kua haere ko tētahi o ngā pirihi ki Te Wharau ki te whakahaere i te miha i reira, kua noho tētahi o ngā pirihi ki Waikarewhenua ki te whakahaere i ngā karakia mō te hunga e haere atu ana i ngā kāinga i te raki o Waikarewhenua. Ahakoa i tipu ake i te ahurea Katorika, kua tae atu he rongopai hou ki Te Wharau me ngā pā maha o Tūhoe. Ko taua rongopai ko te Paimārire. He māmā te taka o Tāpiki rāua ko Penetiti ki raro i tērā whakapono. Ka mutu, i te mau tonu hoki ngā whakapono tawhito o mua atu i te Katorika me te Paimārire. Ka whakaorahia ake ērā, ka noho koirā tō rātau whakapono i tērā wā. Ka riro ko Penetiti hai kauwaka māngai mō te atua o te ao Māori, ko tōna ingoa ko Te Pōtuatini. He atua tēnei nō te pakanga. Noho ana ko Tāpiki hai kaiwhakaturuki mā Penetiti.

Heoi ngā kōrero a Hikawera.

Nā te noho i te ngahere ka mōhio a Tāpiki ki ngā rākau whakaora i ngā mate ka pā ki te hapori, ka ākona ki te hono poroiwi whati e ngā tohunga whakaora. Ka noho ko ia te pononga a Penetiti. Kāore i whakarērea rawatia e Tāpiki ngā mātāpono o te Karaitiana. He māmā ki a ia te peke mai i tētahi whakapono ki tētahi.

Nā, i a Pēpuere i te tau 1864, ka tae atu te kōrero ki Te Wharau kia hui ngā rangatira o Tūhoe ki Ruatāhuna ki te whiriwhiri i te tono a Rewi Maniapoto. Ka haere a Penetiti rāua ko Tāpiki ki taua hui. Ko rāua ētahi i tautoko i te kaupapa a Piripi Te Heuheu. Wehe ana a Piripi i Ruatāhuna, ka whai rāua. Kāore i hoki ki Te Wharau ki te whakahoki kōrero. Nā te ngutu tangata i mōhio ai ngā whānau o Penetiti rāua ko Tāpiki kua haere rāua ki te tai uru ki te whakatutuki i te tono a Rewi.

I te huarahi ki te whenua o Maniapoto ka whakaohotia a Te Pōtuatini kia kōrero ki te ope taua a Piripi Te Heuheu. Ehara, kua puta ngā whakakitenga a Te Pōtuatini mā roto mai i a Penetiti. 'Kia ū, kia māia, e kore koutou e mate. Mā te whakapono koutou e ora ai'.[2]

Nā, kāore anō te ope kia tata atu ki te Kīngi Kanatere. Engari kai te whakamātautautia ngā kairākau kia ū ki te kaupapa, kia whakapono, kia kaua e mataku.

Nō te hononga atu o te ope a Te Whenuanui ki tā Piripi, ka whakapikingia ngā whakamātautau ki taumata kē, kua tae hoki rātau ki te whenua o te riri. Kua mōhio rātau ko te pakanga te mutunga atu o tā rātau haere. Ki hea? Tē aro ki hea.

Nā Te Whenuanui rātau ko ana rangatira i tohu ko Ōrākau hai tūnga mō rātau ki te riri, koirā te marae o te pakanga ahakoa ngā whakahē a

Rewi. Nō tērā tautohe, ka puta te kupu a Tāpiki ki a Rewi, ko te ngako kia whakaae a Rewi ki Ōrākau, kia kotahi tā rātau rautaki. Ka whakaae a Rewi.

Ka tae ki Ōrākau ka tohia anō ngā kairākau ki te tohi a Te Pōtuatini. Ka tohua atu e Penetiti a Tāwera e whakatumatuma ana ki a Hina. Ka hipa a Tāwera i a Hina, ka kī a Penetiti ka ora rātau. Engari kāore i eke ngā tohu ki tā Penetiti i whakamāori ai ki a Tūhoe me te ope taua. Koinei te kōrero a Paitini.[3] Ki tāna, i te mea i hangaia e rātau te pā whawhai, koirā te whakatinanatanga o Hina, arā, o te marama. Ko Tāwera ka hipa i a Hina, koia te Pākehā. Arā atu ngā whakahē a Paitini, engari he māmā te whakahē i muri mai i te pakanga.

Nā, ko te Pākehā e whakaeke ana. Ka hinga a Ōrākau, ka mate a Tūhoe.

Rāua tahi – a Penetiti rāua ko Tāpiki – i ora. Nā Tāpiki i ora ai ngā mōrehu e hoki ana ki Ruatāhuna. He nui te whakamānawa o ngā kairākau i taotū mō te mōhio o Tāpiki ki te whakaora i a rātau. Hāunga a Penetiti, ka hinga a Ōrākau, ka rukea e Tūhoe a Te Pōtuatini – me tana kauwaka. I ora ai a Tāpiki nā tōna māia ki te opeope i ngā mōrehu o te Rautakitahi, kua tino takitahi nei.

E whai ake nei ko te whakapapa o Tāpiki.

Whakapapa 22: Tāpiki

Tūhoe Pōtiki
|
Murakareke
|
Tamapōkai = Hineawe
|
Te Whanapeke
|
Tamaona = Moenga
|
Tāwhakamoe = Turaki-o-rauru
|
Kahuwī = Te Aopaerangi

Tamariwai   Māngere   Te Rākātō   Matarau   Te Unupō   Tangataiti   Moenga

Moenga = Tūi

Te Oha   Te Pouwhenua

Te Oha = Wikitoria

Tāpiki   Tangira   Pera

Te Pouwhenua = Te Kura

Te Akiu   Maria

Tāpiki rāua ko Penetiti | 117

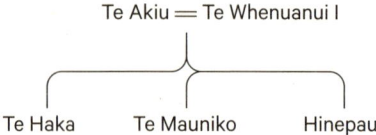

Mō Penetiti, kitea rawahia ake kua hangaia e ia he atua hou mōna, ko Taimana, ko Taiāmai rānei te ingoa. I mate atu rā hoki a Te Pōtuatini ki Ōrākau. Nō te whakatikatanga o ngā taua Pākehā ki te tomo ki Te Urewera, ka rere a Penetiti me ana kaitautoko ki te hanga pā hai ārai atu i ngā Pākehā. Ko taua pā i te raki o Te Wharau. Ko te ingoa ko Te Turuhunga, koirā tonu te ingoa o taua wāhi. Engari rere kē atu ngā Pākehā mā huarahi kē haere ai ki Ruatāhuna. Ka whakarērea a Te Turuhunga e Penetiti mā.

Kitea rawahia ake kua tae a Penetiti ki Waikaremoana ki te ārai atu i ngā Pākehā me Ngāti Kahungunu. I reira ka tuki rāua ko Te Kooti, he mana ki te mana, ā, ka hinga a Penetiti – me Taimana (Taiāmai rānei).[4]

Koirā anake ngā pitopito kōrero e kitea ana e tēnei kaituhi mō Penetiti. Kāore hoki ahau e mōhio ki te whakapapa o Penetiti.

Paora Te Whāiti

Kāore i te mōhiotia ngā kōrero o Paora Te Whāiti engari i mate atu ki Ōrākau e ai ki te kōrero. Kai ngā tūhuratanga a Tama Nikora, ko ēnei kōrero:

> Te Whāiti Paora said that his father was killed at Orakau (1881, Hep 12, Whk MB1, wh. 97)

Hai aha koa, i te mea e mau ana tana whakapapa.

Whakapapa 23: Paora Te Whāiti

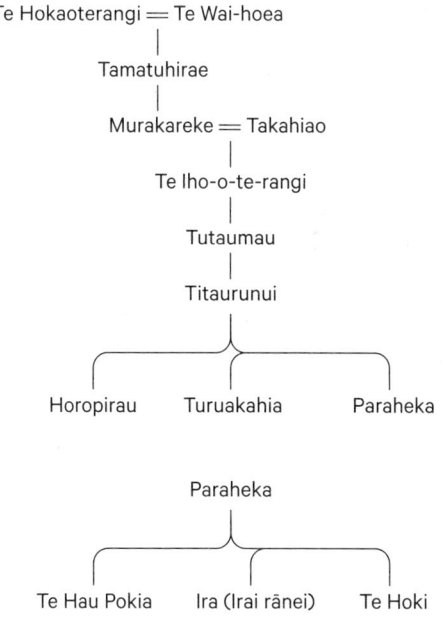

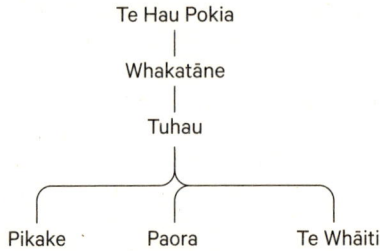

Te Wāhanga Tuarua

Ōrākau 1940–2000

I a mātau e tipu ake ana i Ruatāhuna i rongohia a Ōrākau e kōrerohia ana i tēnā wā, i tēnā wā. Koirā tētahi o ngā kaupapa e whakahuatia ana i roto i ngā whaikōrero a ō mātau koroua pakeke. I ētahi wā, he taumaha te whakatakoto, i ētahi anō he kōrero whakatoi nā rātau. Ahakoa, i te kōrerohia a Ōrākau e te reanga i kite i ngā mōrehu o Ōrākau. Ka noho ngā kōrero o Ōrākau ki roto i ō mātau ngākau whakakeke ai, kia pakeke ō mātau hinengaro ka mōhio mātau ki tō mātau waimarie i ō mātau koroua, kuia mutunga mai o te mōhio.

Ko tētahi o ngā pitopito kōrero i rongo tō mātau whakatipuranga e kōrerohia ana ko te kotahi rau pāuna i whakawhiwhia e wai rā ki ō mātau koroua mō te utu o ngā toto o Tūhoe i maringi ki Ōrākau. Ka noho tērā kōrero ki te puku.

I te tau 1957, i muri o te Hūrae a te Ringatū i Te Umuroa i Ruatāhuna, ka hiki ngā pahi ki Te Kuiti. E toru ngā pahi i wehe atu i Ruatāhuna, nō ngā iwi Ringatū o Mātaatua. Ko te nuinga nō Tūhoe. Ki tōku maumahara, ko au anake te tamaiti i taua rōpū. Ko tōku pakeke, kua tata ki te tekau tau.

Ka tae ki Ōrākau, ka peka ngā pahi, ka huihui atu ki te pā whawhai. I reira e rere ana ngā karanga, ngā tangi, me ngā kōrero a ngā pākeke. Ko te tira haere anake i reira, kāore he tangata whenua. He wā ki reira, ka rewa anō te ope ki Te Kuiti. I Te Kuiti ka rere ngā tikanga whakaeke marae, tēnā hanga te rangatira, te kuia, i reira. E maumahara ana ki te kounga o te kōrero a tētahi taha, a tētahi taha; te hanga noa o te tuku i te kōrero taumaha, o te kōrero teitei, kua uaua nei te rongohia i ēnei rā. Ka hoki ngā whakaaro me te mīharo ki ō mātau koroua e tarapeke ana. He pērā anō tērā taha, tarapeke atu, tarapeke mai.

Ko te tangata nāna a Tūhoe me Mātaatua i pōhiri, ko Te Marakū Hughes o Ngāti Maniapoto. I roto i ngā kōrero o te ahiahi, ka rongo ahau i tērā tangata e kōrero ana. Ko tāku i maumahara mō Te Marakū, he tangata pōuri te tā o te kiri, kua taipakeke, he pai ki te kōrero ahakoa Māori, ahakoa Pākehā. I reira hoki ka rongo anō ahau i te kōrero mō te kotahi rau pāuna mō ngā toto o Tūhoe i maringi ki Ōrākau, nā Te Marakū i whakahua. Kāore ahau i maumahara ki ngā whakautu a Tūhoe me Mātaatua. Ākene i whakautu engari kāore au i te maumahara. I warea kē ngā whakaaro ki hea rā ahakoa taku tamariki.

Kua pakeke nei, ka hoki ngā whakaaro ki aua wā me ngā kōrero. Ka whakawhitiwhiti kōrero me tōku whakatipuranga. Ehara, e mōhio ana rātau ki ētahi kōrero. I taku tuakana, i a Te Tokawhakaea Temara ētahi kōrero e mahara nei ahau ko au anake e mōhio ana. Ko tētahi o ana kōrero e pēnei ana. Ākene pea i ngā haere a Te Pou o Mangatāwhiri i raro i a Te Puea Hērangi ki te motu ki te mahi moni, ka tae ki Heretaunga ki ngā iwi o Ngāti Kahungunu. Nō te hokinga ki Waikato, ka haere mā Waikaremoana, ki Ruatāhuna, ki Rotorua, ki Kirikiriroa. I Ruatāhuna ka peka ki te poutāpeta o Ruatāhuna. Ko Peka Wharekura Te Pou Māhita. Whakatika atu a Te Puea, ka huakina he pukapuka penapena moni, ka raua atu te kotahi rau pāuna ki roto. Ko tana kōrero ki Te Pou Māhita, ko tērā pūtea mā Tūhoe, he utu tāmana mō Ōrākau. Kāore a Te Puea i mōhio ko wai te tangata hai ingoa mō te pukapuka penapena kua huakina rā e ia. Heoi anō, i huakina i raro i a Tūhoe, ka mutu, mā Te Pou Māhita e tohu ko wai te tangata, te rōpū rānei hai whakahaere i taua moni. Ka mutu atu te kōrero rā ki reira.[1] Ahakoa pono, ahakoa hē ērā kōrero, ko te mea nui i te haere ngā kōrero mō Ōrākau i a mātau e tamariki ana, ā, i mau i a mātau ngā kōrero.

Ko Hoani Māhia tētahi o ngā kaumātua o Tūhoe i tipu ake ki Ruatāhuna, engari ka pakeke, ka neke ki Rotorua noho ai me tōna whānau. Ko tāna kōrero i te tau 2000 e mea ana, nō te tau 1947 i tae atu ai a Te Marakū Hughes o Ngāti Maniapoto ki Ruatāhuna. Ka whakatakotohia e Te Marakū te kotahi rau pāuna mō ngā toto o Tūhoe i maringi ki Ōrākau. Ka iri hoki tērā kōrero ki reira. E rua ēnei kōrero, ā ha hā. Ko te mahi he kimi i te kōrero pono.

Me poka ngā kōrero ki te tau 2000, te tau i haere ai te tira nui o Tūhoe ki Ōrākau ki te whai i ngā tapuwae o te hunga i pakanga ki Ōrākau, ngā toa i mate atu ki reira, tae noa ki ngā mōrehu i hoki mai ki te kāinga ki Ruatāhuna. Ko te mutunga atu o te haere kia oti atu ki Waiharakeke ki te okiokinga o Tūhoe tipuna. Ko te kaupapa o te haere, he kimi i te wairua pakanga o ō mātau tīpuna kia āhei ai mātau ngā uri ki te kōkiri i te kerēme raupatu a Tūhoe ki te aroaro o te Karauna mā roto mai i te Rōpū Whakamana i te Tiriti o Waitangi. E haere ana ki te whakamaitai i ō mātau whakaaro kia pai ai te tukituki i te Karauna.

Ko ngā rangatira ārahi i a Tūhoe, ko Te Wharehuia Milroy, ko Hirini Melborne, ko Tama Nikora, ko ahau, ko Pou Temara. E toru rawa ā mātau hui i te rohe me Rotorua ki te kōrero i te raupatu, me te whakatikatika i a mātau mō tēnei haere. Ka tū te wānanga tuatahi ki te ako i ngā waiata ki Waikirikiri Marae i Rūātoki i te 21 ki te 23 o Hūrae, i te tau 2000. Ko ngā kaiārahi ko Turuhira Hare rāua ko Taiarahia Black. I konei e tatū ana te kōrero kia ako a Tūhoe i ngā waiata a Te Kooti Rikirangi, ngā waiata e pā ana ki te whenua, hai whakaputa i ngā whakaaro hūneinei o Tūhoe ki ngā mahi nukarau a te Karauna.

Ko te wānanga tuarua, i tū ki Tauarau marae, i Rūātoki anō, i te 27 ki te 29 o Oketopa, i te tau 2000, ki te kōrero i ngā kōrero o Ōrākau, ki te ako hoki i ngā haka i waihangatia mō Ōrākau i te tau 1864 e Piripi Te Heuheu, me ngā pouaru o Tūhoe. Ko te tohunga ko au.

Ko te hui tuatoru i Mātaatua i te Paraire, te 24 o Noema, 2000 te tau. Ka whakaupa a Tūhoe ki runga ki te marae o Mātaatua i Rotorua. I a Tama Nikora te wāhi ki te kaupapa. Ko te ia o ngā kōrero a Tama he whakakotahi i a Tūhoe. Ko ngā kōrero hoki mō Ōrākau e kī ana ko ngā toa anake o Ruatāhuna i haere, kāore he tangata o Te Waimana, o Rūātoki, o Waikaremoana i uru atu ki te ope haere.[2] Ki tō Tama whakaaro, ka whakahua i a Pareihe, ko Waikaremoana tērā,[3] ka whakahua i a Tamarau, ko Rūātoki tērā; ka whakahua i a Tarei, ko Te Waimana tērā.[4] Otirā, kāore he tangata o Te Waimana i tua atu i a Rakuraku,[5] ko ia nei tētahi i mate atu i Ōrākau e ai ki a Tama. Koinei ngā kōrero a Tama, he kōrero nā te tangata kua taunga ki ngā whakaaro tōrangapū. Mehe ka mau ki te kōrero a Te Peehi nō Ruatāhuna anake ngā mea i haere ki Ōrākau, he wehe tikanga tērā, te mutunga atu kua wehewehe te iwi. Koirā ngā whakaaro o Tama Nikora.

Ōrākau 2000

I Ōrākau ka tū mātau ki te mihi ki ngā wairua o ō mātau tīpuna. He ope tangata whenua i reira e tatari mai ana i a mātau, ko ngā rangatira tonu o te Kīngitanga me Ngāti Maniapoto, terā momo i a Hōne Haunui, i a Te Aopēhi Kara, i a Rua Anderson, i a Rīhari 'Thank-you-wery-much' Rangitaawa, me ētahi atu o ngā tāngata, wāhine, o Maniapoto.

Ka tū mai a Rua Anderson ki te mihi ki a mātau. Nā Te Wharehuia i whakautu ki te kōrero teitei. Ka tū mai ko Rīhari Rangitaawa ki te kōrero, ā, ka rikoatahia tana reo ki te mīhini hopu reo. He pai te tā i ana kōrero i konei.

Wahine iti o runga i te rangi
Tuku iho ki raro rā
Ka hē ō kōrero.
Kīhai koe, werohia ki te taoroa.
I ākina ki te parāoa.
Kia whakataukī ake te mamae.
Auē! Taukiri, e.

Ahakoa koutou kua whetūrangihia, e takoto nei ētahi o koutou i konei, kai kō tata ake nei nā te nuinga o koutou, kai Te Awamutu, i hahungia atu ai i konei ka haringia ki reira ki te whare karakia. E koro mā, kia mōhio mai ai, kia mōhio mai ai ō koutou wairua ora kua tae mai nei ki te whakataki haere i ngā taumata, i te kōrero a taku tipuna, a Manga, 'Te Rāwhiti haere mai, haere mai hai hoa pakanga mōku ki a tauiwi'. He aha ia rā te take? Ko te taumata, ko te taumata, i takatakahia ai e tauiwi i te mokopuna a te motu. Kotahi anō te iwi i haere mai, ko Tūhoe anake. E takoto mai rā tō koutou tipuna i roto i a au, i Te Waiharakeke i roto o Kāwhia Moana. Koinei rā e tangi nei, e tangi nei, e tangi nei. Koirā anō mai rā anō, kia wareware au ki ngā whakataukī a ēnei tūpuna, o tō kaha ki a au Tūhoe.

Kāore te mamae e wāhi ake ana ... i
Kapakapa tū ana te tau o taku ate.
Me he rau poroporo, he rau harakeke,
He pono ki te pupuri,
I te tū kupapatia (?) te rori ki Te Reinga
Kia whai ki muri i a au rā te tira haere tahi.

Nō reira, e koro mā, waiho i konei, waiho i konei. E tangi ana, e mamae ana. Me te mōhio atu hoki kua kore e kite i ētahi o aku hoa i mua rā, i a Te Uta Blake rāua me taku rangatira i haere mai ai ki a au, a Bill McCauley. Koinei te tangi ake. Hoi anō ka hoki au ki roto i te hinengaro, kua tae mai rā ngā wairua ora kai roto i a koutou i te wā e haere tahi ana i waenganui ... e uru atu au ki a koutou, ki a Ngāti Manawa, ki a Ngāti Pūkenga, ki a Tūhoe Pōtiki. Nō reira, rau rangatira mā, te hunga wairua, manaakitia mai rā. ... Kua rahi i tēnei, kua rahi i tēnei mō tēnei wā.

E aroha ana ki aku rangatira, te tawhiti o te nuku o te whenua te haeretanga mai. E tautoko ana i ngā kōrero a tēnei o aku rangatira i whakapuaki ake nei i mua ake nei. Me koutou hoki ngā mea nā koutou i hāpai te taumata ki te hunga i te Runga Rawa, e kīia nei tērā kōrero 'Tīmatanga te kupu, te Atua te kupu, ko te kupu anō ko te Atua'. Whāia te kotahitanga o te wairua, paiherea ki te rangimārie. Koinei rā kua tae mai tātau i runga i te reo karanga o te hunga wairua kua whetūrangitia.

Nō reira, Tūhoe, e whakamārama atu ana tēnei ki a koutou e awhi ana, i taku kore e mōhio, māua ko taku kaumātua, pēwhea ngā whakahaere. Hoi anō, nōnatahirā tata ake nei ka tae mai te kōrero ki a māua. Hoi anō tā māua he tautoko. Te take nā koutou te tautoko tuatahitanga i a au, i a Ngāti Maniapoto, te koha anō rā, te tūmanako, te aroha me te whakapono. Nō reira, kua tutuki atu tēnei taumata, ka huri atu rā ki a koutou, ka wātea te taumata ki a tātau ki konei, ka haere tātau ki te kōhatu whakamaharatanga o te kaumātua nei, o Manga. I muri atu i terā ki a koutou, ka haere tātau ki Te Awamutu, te whare karakia i reira kai te whanga mai ki a koutou. Kia tutuki mai terā ka hoki tātau ki te marae o te kaumātua nei, o Manga, kai konā rā tātau whakawhitiwhiti ai i a tātau te pito ora ki te pito ora. Nō reira, tēnā koutou, tēnā koutou, ā, kia ora tonu mai tātau katoa.

Koia ngā kōrero a Rīhari ki a mātau o Tūhoe, ka mutu, katoa ēnei kōrero āna.

I Te Kuiti, ka tū atu ahau ki te wero kōrero ki te tangata whenua. He iti ā rātau kōrero mō te nohoanga o Te Kooti i reira, kāore i puta he kōrero mō te Kīngitanga. Ko ngā kōrero i whakaputaina atu, ko te kupu whakaari a Te Kooti mō Te Kuiti me Te Tokanganuiānoho, ngā kōrero a Te Matua Tangata mō te 'atua whiowhio o te Pākehā, ka kuhu mai mā te whatitoka o te whare nei, ka puta atu mā te tūārongo o wharenui nei, ka moana tēnei wāhi o Te Kuiti, ka riro katoa ngā whenua'.[1]

Tuarua, ko te pātai ki te tangata whenua ki ngā kōrero mō te tangata nei, mō Te Marakū Hughes. Nāna rā hoki i whakatakoto te rau pāuna ki Ruatāhuna i te tau 1947. Ko te take o taua moni he utu mō ngā toto o Tūhoe i maringi ki Ōrākau.

Roa noa atu te wā, ka tū mai a Rīhari Rangitaawa ka tīmata ki te whakatakoto i ngā kōrero mō te Kīngitanga. E ai ki a ia, ko te Kīngitanga te kaupapa nui o Waikato rāua ko Maniapoto, te kaupapa whakakotahi i ngā iwi katoa o Tainui, ā, kīhai he kaupapa i nui atu i tērā. Kātahi ka huri ngā kōrero a Rīhari ki Ōrākau, ka tīkina atu te kōrero mō te rau pāuna i whakatakotohia e Te Marakū ki Ruatāhuna i te tau 1947. Ka pēnei tana kōrero, 'E hoa, waimarie koutou i whiwhi rau pāuna rawa mō Ōrākau. Kore he paku kapa i taka mai ki a mātau'. Ahakoa ērā kōrero, kāore i whakahuatia a Te Maraku. Ka taka te whakaaro ehara tērā i te kaupapa pai ki a Maniapoto. Kāore hoki i puta he kōrero mō Te Kooti.

Nō te wā o te hākari, ka whakatata mai tētahi wahine – ko Hinekahukura Barrett-Aranui te ingoa – ka whakaakoako mai ka mea, 'E tama, kāore i hoki tō pātai i runga i te marae. Kai te pai, māku hai whakautu tō pātai'. Ki tāna, kāore he kaupapa nui atu i te Kīngitanga ki a Maniapoto, ā, ki te tū mai tētahi kaupapa whakapātaritari i te Kīngitanga, kāore e rataina, ka kauparea ake, ka pēhia ki raro, kāore e kōrerohia kai whai pakiaka. Ki tā Hinekahukura, ko te kaupapa a Te Maraku ko te Kotahitanga, arā, ko te whakakotahi i ngā iwi katoa o Aotearoa, tae atu ki a Waikato rāua ko Maniapoto. Ko tana hoa whakatū i te kaupapa o te Kotahitanga ko Alex Phillips, te tangata wairua o Manuariki, i Taumarunui. Ko Alex (i te tau 2000) kai te kawe tonu i tā rāua kaupapa, ko Te Maraku – kua mate noa atu hoki a Te Maraku. Kua whakawhānuitia atu e Alex te kaupapa ki te whakakotahi i ngā iwi katoa o te ao. Nā, he whakapātaritari tēnei i te kotahitanga i raro i te Kīngitanga, kāore e tino pārekareka ki te nui o Maniapoto ahakoa te tautoko a ētahi i a Alex. Koinei ngā kōrero a Hinekahukura. Kua taka te kapa.

Kia hoki ake ki te kotahi rau pāuna i whakatakotohia e Te Maraku ki Ruatāhuna i te tau 1947. Kāore i te mōhiotia i ahatia tērā moni. Kai hea rā tērā moni? Ākene i pau kurī noa iho. Māna? Tuarua, he aha rā i puta ai te whakaaro kia utua rawatia ngā toto o Tūhoe i maringi ki Ōrākau? Ko wai mā rā ngā mea i kōrero i te kaupapa i tua atu i a Te Maraku? Te āhua nei, kāore i whānui te kōrerohia o tērā kaupapa i waenganui i a Ngāti Maniapoto.

Ā, kai reira hoki e tārewa mai ana te kōrero a Te Tokawhakaea mō Te Puea me tāna rau pāuna. I ngā tau i mua atu i te matenga o Rāpata Mahuta, ka tūtaki rāua ko Te Tokawhakaea i tētahi hui i Horahora. I noho rāua ki te kai tahi. Ko te kī a Rāpata ki a Te Tokawhakaea, 'E Toka, kore ake i tutuki i ō tāua tīpuna, ākene mā tāua e whakatutuki'. E kī ana a Te Tokawhakaea i te kōrero rāua mō Ōrākau. Whāia, ka mate a Rāpata. E tārewa tonu ana te kaupapa. Ākene me waiho tonu kia tārewa. Kāore hoki i pai kia utua ngā toto o Tūhoe i maringi mō tētahi kaupapa i whakapono ai te hunga i haere ki Ōrākau.

Ngā Hononga i ēnei Rā

I taua haere anō rā o te tau 2000, ka pōhiritia a Tūhoe e Ngāti Paretekawa ki Mangatoatoa ki reira kai ai. E whakamutumutu ana te kai ka tū mai te uri wahine o Peehi Tūkōrehu rāua ko Rewi Maniapoto ki te whai kupu ki a mātau. Ko Rovina Anderson tēnei. Ko tana kōrero ki a mātau kia whakairotia he poupou mō Te Purewa hai whakatū ki te pakitara o tō rātau wharenui hou ka whakatūria ā tōna wā. Whakaae ana mātau ki terā kōrero a Rovina. He aha hoki he kōrero i tua atu o te whakaae?

Nā, kua tū taua whare, ā, kai roto te whakairo o Te Purewa e tū ana tae noa ki te whakairo o Te Whenuanui hai pupuri i ngā hononga kupu a ngā rangatira o mua, kia kore ai e wareware ērā hono. I tae au ki te whakatuwheratanga o tērā whare.

Te Tō i te Kūaha

Heoi, kua oti aku kōrero mō te hunga i haere ki Ōrākau ki te pakanga ki te Pākehā, te ope i kīia ai ko te Rautakitahi o Tūhoe. Ko ētahi i haere i runga i te whakapono e tika ana tā rātau haere ki te whakautu i te pōhiri a Rewi Maniapoto. Ko ētahi i haere noa ki te awhi i ō rātau whanaunga. He maha ngā tāngata o Tūhoe i taka ki raro i tēnei rārangi. Ko rātau katoa i haere ā-whānau. Ko ngā wāhine i haere me ō rātau hoa tāne, ko Te Mauniko rāua ko Hinepau i haere hai ringaringa mō tō rāua pāpā, mō Te Whenuanui.

He maha rātau kāore i hoki mai, i mate atu ki te marae o te pakanga. He kōhatu whakamaumaharatanga kai taua marae e tū ana. Engari ko tāna mahi he whakamaharatanga ki te pakanga i pakangatia i taua wāhi. Ehara i te kōhatu e whakahua ana i te tangata, i te wahine rānei i mate atu ki reira. Me pēhea hoki e mōhio ai te ope i toa o te Pākehā ko wai mā ērā e tīraha rā i te mate. He mea kari he rua, ka tōia atu ngā tūpāpaku ki roto, ka tanumia. Mōkori i te Hāhi Mihingare, ka hahua ngā kōiwi i Ōrākau ka tanumia ki te tanu Karaitiana i Te Awamutu. Engari kāore i mōhiotia ko wai a wai.

Mā te aha i ēnei kōrero mō te hunga i haere, i mate atu, i hoki ora ki Ruatāhuna. Koutou katoa, e mihi ana ki a koutou. Tēnei ka tōia ake te tatau o ēnei kōrero kia kati, kia au ai tā koutou okioki i ō koutou moenga i roto i tō koutou whare āhuru o te mate.

Ngā Tāpiritanga

Te Rārangi o Te Rautakitahi ki Ōrākau i wehe atu i Ruatāhuna

Hākopa Poroutaina (Hākopa) – Ngāti Manunui
Hāpurona Kohi – Ngāti Whare, Tūhoe
  (i wehe atu i Te Whāiti)
Hoera Rukutanga – Ngāti Kurī
Horopāpera – Waikaremoana[*1]
Horotiu – Ngāti Hinaanga[*]
Kauwaeroa[*]
Mānuera Hautū – Waikaremoana[*]
Paerau Te Rangikaitupuake – Ngāti Kākahutāpiki
Paitini Wī Tāpeka – Ngāti Tāwhaki, Ngāti Maru
Paora Wī Tāpeka – Ngāti Tāwhaki, Ngāti Maru
Paraki Weretā – Ngāti Manunui
Pareihe – Ngāti Manunui
Peita Kōtuku – Patuheuheu (i wehe atu i Waiohau)
Penehio Tamaiākina Tipoko – Ruatāhuna
Penetiti
Piki
Piripi Te Heuheu – Tūhoe, Tūwharetoa, Maungapōhatu
Tamarau Waiari (Te Mākarini Te Wharehuia) –
  Ngāti Kōura
Tāpiki
Tarei Wiremu – Ngāti Kurī
Tauarau Wiremu[*]
Te Ahikaiata – Ngāti Tāwhaki

Te Iriwhiro Wiremu
Te Rēweti Te Whakaahuru – Patuheuheu
 (i wehe atu i Waiohau)
Te Tuatini*
Te Waru Tamatea – Ngāti Hinaanga*, Tūhoe
Te Whenuanui Te Umuariki – Te Urewera
Tīmoti*
Topatopa*
Wī Tāpeka – Ngāti Tāwhaki, Ngāti Kahungunu

Kāore te nuinga o Ngāti Whare rāua ko Ngāti Manawa i roto i te rārangi i runga ake nei.

Ko ngā wāhine, ko:
 Animiraka Te Umuariki – Te Urewera
 Hineana Pirihira Matiu – Ngāi Te Riu
 Hinepau Te Whenuanui – Te Urewera
 Mārata – Ruatāhuna
 Mareta – Ngāi Te Riu
 Mere
 Rāwinia – wahine a Rēweti (i wehe atu i Waiohau)
 Te Mauniko Te Whenuanui – Te Urewera

Ko ngā kairākau – tāne, wāhine – i mate atu ki Ōrākau:
 Animiraka Te Umuariki
 Hineana Pirihira Matiu
 Hinepau Te Whenuanui
 Hoera Rukutanga
 Horopāpera
 Mānuera Hautū

Mere
Penehio Tamaiākina
Tipoko
Piki
Piripi Te Heuheu
Tarei Wiremu
Te Tuatini
Tīmoti
Wī Tāpeka

E kī ana a Tōmairangi, e toru tekau o Tūhoe i mate atu ki Ōrākau. Ko taku whakapae i rite a ia ki a Te Peehi i whakaurua atu e ia ngā mate o Ngāti Whare rāua ko Ngāti Manawa ki tērā rārangi.

Ngā Pitopito Kōrero

He Tāhū Kōrero
1. Stokes, Milroy, & Melbourne i *Te Urewera, ngā Iwi, te Whenua, te Ngahere*, wh. 30.
2. James Cowan.
3. Te ingoa Māori o Judith Binney.
4. Matariki. He waiata nā Mihikitekapua.

Ruatāhuna Te Āhuru Mōwai, 1826–1866
1. Ko tō ratau kāinga noho i Ruatāhuna ko Ōhiramoko. Kia hipa te mate, kātahi anō a Ngāti Awa ka hoki ki Whakatāne.
2. Best, *Tuhoe*, wh. 510–16.
3. Binney, *Encircled Lands*, wh. 68.
4. He kupu nā Ngāti Maniapoto, he kāinga e pātata ana ki Taumarunui. Kāore e pai te pū, te rākau patu tangata, me ngā kōrero pakanga ki reira. He āhuru mōwai.
5. Katorika.
6. Colenso, kai a Binney, *Encircled Lands*, wh. 616.

Ngā Here ā-Iwi: Te Tatau Pounamu a Te Purewa rāua ko Tūkōrehu, Te Matakahi, Pūkawa, Tūhoe Pōtiki
1. Nā Tama Nikora i te 9 o Hune, 2015.
2. Best, *Tuhoe*, wh. 394.
3. Ngā whakapapa a Te Pikikōtuku Maniapoto, Ōtorohanga, 2010.
4. Claudia Orange, *The Dictionary of NZ Biography*, wh. 315
5. He kupu nō roto o Tūhoe e kōrero ana mō te māramatanga kua kitea e puta ai tētahi whakatau whaitake.
6. Best, *Tūhoe*, wh. 474.
7. Ibid, wh. 476–77.
8. Knot ki te Pākehā.
9. Best, *Tuhoe*, wh. 255.
10. Hine Te Ata rānei. (Kai a Binney, *Encircled Lands*, wh. 70).
11. Ibid.
12. Ibid.
13. Te Tokawhakaea Temara, 2020. Kāore he kōrero tāpiri mō ēnei kupu, engari e whakahuahua ana i a Tūhoe 'e takoto mai rā i te harakeke', he hononga atu ki Waiharakeke.

Te Rongo o te Pakanga ki Waikato
1. Best, *Tūhoe*, wh. 567–68.
2. Ibid, wh. 567.
3. Ngā kōrero a Chris Winitana rāua ko Paranapa Otimi ki te kaituhi. He mea uiui e au i muri i ngā tuku kōrero a Ngāti Tūwharetoa ki te Rōpū Whakamana i te Tiriti o Waitangi mō te WAI 898, i te tau 2011, i Taumarunui. Nō te 11 o Maehe, ka kōrero anō māua ko Chris Winitana ki te āta wetewete i te whakapapa o Piripi Te Heuheu. Nā Herea Winitana hoki ētahi o ngā tāpiri, me tana kī, ko Te Waiarumia te ingoa o te wahine i taumautia e Tūhoe ki a Herea tipuna. E ai ki a Herea tamariki, nā Te Wharehuia Milroy rātau i mōhio ai ki a Te Waiarumia.

Te Whenuanui Te Umuariki
1 Kai roto hoki i a Binney, *Encircled Lands*, wh. 42.
2 Taku Rākau. He waiata nā Mihikitekapua. Kai tēnei waiata ēnei kupu. '*Taku rākau, e, tau rawa ki te whare. Ka ngaro a Takahi, e, te whare o te kahikatoa ...*'.
3 Whaikōrero a Pumi Taituha o Waikato i Wairaka i te whakatuwheratanga o Te Whare Wānanga o Awanuiārangi. Kai roto hoki i ngā kōrero a Binney, *Encircled Lands*, wh. 61.
4 Ibid, wh. 61.
5 He whaikōrero nā Pumi Taituha i Whakatāne i te huakitanga i te Whare Wānanga o Awanuiārangi, 1992.
6 Ibid, wh. 493.
7 Best, *Tūhoe*, wh. 494.
8 Ko te haerenga tēnei o Mātaatua waka ki te Whare Toi o Akarana ki te mihi ki ngā taonga Māori i heria ki Amerika i te tekau tau 1980. Ko te ingoa o aua whakaaturanga ko Te Māori. Ko Hirini Moko Mead te rangatira nāna i ārahi taua kaupapa.
9 Ko Paaka tētahi o ōna ingoa.
10 He tama nā Te Ngahuru, ka moe i a Te Utu, nā rāua ko Piki rātau ko Te Ahoaho, ko Te Kura. Ka moe a Te Kura i a Pouwhenua, nā rāua ko Te Akiu (Paaka), ka moe i a Te Whenuanui I, nā rāua ko Te Haka (Te Whenuanui II) rātau ko Te Mauniko, ko Hinepau. Ka moe anō a Te Ngahuru i a Kūmara, nā rāua ko Waiari, nāna ko Tamarau Waiari.
11 Ani Meremiraka rānei.
12 1862, te haerenga o Rewi ki Ruatāhuna, kai a Binney, *Encircled Lands*, wh. 69.
13 Binney, *Encircled Lands*, wh. 617
14 Rua tekau anake ngā kairākau o Ruatāhuna i wehe atu ki Ōrākau. Kai waho ngā wāhine i tēnei tatauranga. Ko ētahi o ngā ingoa o te rārangi kai te pito o tēnei tuhinga.
15 He matakite i roto i te waiata. Best, *Tuhoe*, wh. 570.
16 Ko ngā kōrero hītōria o Tūhoe.
17 Binney, *Encircled Lands*, wh. 71.
18 Ko *rope* te whakapākehātanga o Ropi. He whakamaumaharatanga ki te matenga o Te Whenuanui II, i mau te ringa i te taura o tana hōiho ka tōia, ka whara. Koinei te tīmatanga o tōna mate, hemo noa i ngā wiki i muri mai.

Te Mauniko Te Whenuanui
1 Tirohia te Whakapapa 5.

Hinepau Te Whenuanui
1 Te Mauniko ki a Hikawera Te Kurapa, ki te kaituhi.
2 Best, *Tuhoe*, wh. 485.
3 Nā Te Mauniko ki a Hikawera Te Kurapa, ki te kaituhi.
4 Nā Paitini ki tana whāngai, ki a Pareraututu, ki te kaituhi.
5 Nā Paitini anō ki a Pareraututu, ki te kaituhi.
6 Nā Hikawera Te Kurapa ki te kaituhi.
7 So long as men can breathe or eyes can see, so long lives this, and this gives life to thee. (Shakespeare's Sonnet 18). Nā Te Haumihiata Mason i whakamāori.

Paerau Te Rangikaitupuake
1. Best, *Tuhoe*, wh. 569
2. Best, *Tuhoe*, wh. 569.
3. Koinei te tohu o te mana tohunga o te wahine, kāore i whāiti noa ki te tāne.
4. Best, *Tuhoe*, wh. 587.
5. Frasertown.
6. Scorched earth policy a Te Karauna.
7. Best, *Tuhoe*, wh. 653.
8. Union Jack.
9. Blue gum
10. Best, *Tuhoe*, wh. 62.
11. Best, he mea ētita e Jeff Evans, 2001: wh. 141.
12. Nā Tama Nikora ēnei whakapapa.

Paitini Wī Tāpeka
1. Best, *Tuhoe*, wh. 550.
2. Best, *Tuhoe*, wh. 1086
3. E ai ki a Binney, i mate atu a Paora ki Orākau. Ehara tēnei i te kōrero tika. Kai a Best (*Tuhoe*, wh. 574) e kī ana a Paitini ko tōna pāpā i mate. Ko Wī Tāpeka tēnei. He tuakana a Paora ki a Paitini.
4. King Country. Te rohe o Ngāti Maniapoto.
5. Army great coat.

Paraki Weretā
1. Best, *Tuhoe*, wh. 225.
2. Ibid.
3. Matu White, kōrero ā-waha, Ōpūtao, 2002.

Tamarau Waiari (Te Mākarini Te Wharehuia)
1. Compensation Court.
2. Settlements Act, 1863.
3. Binney, *Encircled Lands*, wh. 228.
4. Binney, *Encircled Lands*, wh. 221.
5. Ibid.

Pareihe
1. Best, *Tuhoe*, wh. 569.

Tarei, Te Iriwhiro, Tauarau Wiremu
1. Best, *Tuhoe*, wh. 577.
2. I rongo a Hikawera Te Kurapa i a Te Iriwhiro e kōrero ana, kāore i whakahua i te tau.
3. Nā Tama Nikora te whakapapa, he mea tuhi ki tāna i homai ai ki te kaituhi.

Mānuera Hautū
1   Nā Tio Takuta, he kōrero ā-waha i te tau 1982 i Pōneke. E ai ki a Kui Wano i roto i tana Brief of Evidence, i te 8 o Oketopa, 2004, ki te aroaro o te Rōpū Whakamana i te Tiriti o Waitangi, Te Waimako, i heria te tūpāpaku o Mānuera ki Te Kuiti. He tawhiti tērā i Orākau.
2   Kai roto i te pūrongo, *Waikaremoana. He Tipua, He Taniwha, He Tangata, 2005*, wh. 40.
3   Nā Tio Takuta 1982.

Tāpiki rāua ko Penetiti
1   Nazareth.
2   He kōrero nā Hikawera Te Kurapa i te wānanga a Tūhoe, Te Whaiatemotu, 1972.
3   Best, *Tuhoe*, wh. 571.
4   Best, *Tuhoe*, wh. 663.

Ōrākau 1940–2000
1   He whakawhitiwhitinga kōrero nā māua ko Te Tokawhakaea Temara. Nāna ēnei kōrero, i roto i a ia e noho ana e roa te wā.
2   Ko Tamarau Waiari i haere mai i Waikaremoana, engari i tipu ake i Rūātoki
3   I ahu mai ngā pākeke o Pareihe i Waikaremoana, engari i tipu ake ia i Ruatāhuna. Nō Ngāti Manunui ia.
4   Nō Ngāti Kurī a Tarei Wiremu, ehara nō Te Waimana ahakoa ngā toronga atu ki reira.
5   Ko tēhea Rakuraku rā tēnei? Inā hoki ko te Rakuraku e mōhiotia ana i te tino ora i te wā i a Te Kooti. Ko ia tētahi o ngā tino tohunga a Te Kooti.

Ōrākau 2000
1   Hikawera Te Kurapa. Kai roto hoki i te pukapuka karakia a te Ringatū.

Ngā Tāpiritanga
1   Ko ngā kairākau he tohu * kai o rātau ingoa, nō waho kē i te mārua o Ruatāhuna, ahakoa he whakapapa Tūhoe o ētahi. Ko ētahi pērā a Peita Kōtuku rāua ko Hāpurona Kohi, i whakapiri kē ki a Ngāti Manawa rāua ko Ngāti Whare. Ko ētahi anō pērā i a Topatopa, i a Te Tuatini, he ingoa nā Tama Nikora i tohe kia uru ki te rārangi ingoa o Te Rautakitahi.

Ngā Tohutoro

Best, E. (Ed.). (1904). *Notes on the Art of War, as Conducted by the Maori of New Zealand. With Accounts of Various Customs, Rites, Superstitions, & c., Pertaining to War, as Practised and Believed in by the Ancient Maori.* Auckland: Reed Publishing.

Best, E. (1972). *Tuhoe: The Children of the Mist: A Sketch of the Origin, History, Myths and Beliefs of the Tuhoe Tribe of the Maori of New Zealand, Volume 1*(2nd ed.). Wellington: A. H. and A. W. Reed for the Polynesian Society.

Best, E. (2001). Edited by Jeff Evans. *Notes on the Art of War: As Conducted by the Māori of New Zealand, with Accounts of Various Customs, Rites, Superstitions, &c., Pertaining to War, as Practised and Believed in by the Ancient Maori.* Auckland: Reed Publishing in association with the Polynesian Society.

Binney, J. (2009). *Encircled Lands: Te Urewera, 1820–1921.* Wellington: Bridget Williams Books.

Orange, C. (1990). *The Dictionary of New Zealand Biography: 1769–1869.* Auckland: Auckland University Press.

No author, (2005). *Waikaremoana: He Tipua, He Taniwha, He Tangata.* Unpublished report.

'The New Zealand Settlements Act, 1863'. *Press*, November, 1863, p. 3. https://paperspast.natlib.govt.nz/newspapers/CHP18631117.2.10

Stokes, E., Milroy, J., & Melbourne, H. (1986). *People, Land and Forests of Te Urewera: Te Urewera nga Iwi te Whenua te Ngahere.* Hamilton: University of Waikato.

Ngā Kōrero ā-Waha me ngā Uiuinga

Maniapoto, T. (2010). *Ngā Whakapapa a Te Pikikōtuku Maniapoto*. New Zealand: Ōtorohanga.

Nikora, T. (2015). Tūhoe & Te Arawa whakapapa [kōrero ā-waha].

Otimi, P. (2011). Kōrero Hītōria [kōrero ā-waha].

Paitini. (n.d). Kōrero Hītōria [kōrero ā-waha].

Takuta, T. (1982). Te Hahunga o Mānuera [kōrero ā-waha].

Temara, T. (2020). He kōrero mō tā Tūhoe tipuna whakahua [kōrero ā-waha].

Te Kurapa, H. (1972). Kōrero Hītōria: Wānanga a Tūhoe ki Te Whaiatemotu [kōrero ā-waha].

Te Kurapa, H. (n.d.). *Te Pukapuka Karakia a Te Ringatū*.

Tūhoe. (2005). *Waikaremoana: He Tipua, He Taniwha, He Tangata*. Unpublished report.

White, M. (2002). Ōpūtao [kōrero ā-waha].

Winitana, C. (2011). Kōrero Hītōria [kōrero ā-waha].

Winitana, H. (2011). Kōrero Whakapapa [kōrero ā-waha].

He Kuputohu

He whakamārama

E tohu ana te 'k' i te kupu tāpiri. E tohu ana te 'wh.' me te nama i te nama o te whakaahua kei te wāhanga whakaahua. Mēnā e noho tītaha ana te nama whārangi, ka kitea taua tangata i te whakapapa kei taua whārangi rā.

'Āe, me he mākohe. Tēnā he pū peka kai roto, e kore e pakaru i a koe', 33
'Ahakoa he iti te matakahi, ka pakaru i a au te tōtara', 33
Ahuriri, 74, 75, 9
Airini, 78
Akuhata, 86, 87
Āmiowhenua, 31
Ana o Muriwai, 90
Anania (I), 86, 87
Anania (II), 113
Anderson, Rovina, 134
Anderson, Rua, 129
Animiraka *tirohia* Te Umuariki, Animiraka
Anitana, 56, 58
Aotearoa (marae), 107
Apirana, 86, 87
Aratītaha, 46
Ariariterangi, 27
Awarehe, 103

Ballara, Angela, 52
Barrett-Aranui, Hinekahukura, 132
Best, Elsdon *tirohia* Te Peehi
Biddle, Tiaka, 59
Binney, Judith *tirohia* Tōmairangi-o-te-aroha
Black, Taiarahia, 127
Blake, Te Uta, 130
Boydie, 86

Cairns, Tamati, 101
Cameron, Tianara Duncan Alexander, **wh. 10, wh. 12, wh. 17**
Carey, Pereketia Tianara G. J., **wh. 11, wh. 14**

Chiefy, 59
Clarke, John, 110
Colenso, William *tirohia* Te Karehana
Cowan, James *tirohia* Te Kāwana

Davis, Te Aue, 107

'E Para i te rangi', 15
Ere, Raha, 78
Eria, 58
Erueti, 108

Gilbert (whānau), 108

Haami, 110
Haketekete, 92
Hākopa (Hākopa Poroutaina), 39, 84, 87, 87, 136
Hākopa, Mutu, 84, 86, 87
Hāpai, 105
Hāpina, 108
Hārata, 109
Hare, Turuhira, 127
Harehare, 32
Hāriata (I), 106
Hāriata (II), 113
Hāriata (III), 113
Hatiti, 101
Haumapu, 54
Haunui, Hōne, 129
Hauraki, 25, 32
Hauriri, 106
Hautū I, 109, 110
Hautū II, 110

146

Hautū, Hape, 107
Hautū, Mānuera, 107–10, *107*, *110*, 136, 137
Hautū, Parani, *107*
Hautū, Peata, *107*
Hautū, Raimona, *107*
Hautū, Rita, *107*, *108*
Hautū, Te Ruahapū, *107*
Hāwiki, Tūrei, *78*
'He poroporoaki ki a Te Whenuanui', 53–54
Heipipi, 21, 80, **wh. 25**
Hepetipa, Te Rua, 17, *99*
Hera (I), *77*
Hera (II), 88, *88*, *92*, *93*, *112*
Hera (III), *94*
Hērangi, Te Puea, 126, 133
Herehuia, *108*
Heretaunga, 126
Herewini, Taituha, *57*
Herita, *99*
Heuheurangi, *77*
Higgins, Te Ripowai, *109*
Hikarangi, 94
Hikarua, *92*
Hikawera, *58*, *59*
Himiona, Makurata Te Waiōhine, 21, 81, *83*, **wh. 25**
Himiona, Te Kōkau, 21
Hina, 116
Hine, *92*
Hineana *tirohia* Matiu, Hineana Pirihira
Hineawe, *28*, *95*, *117*
Hinehou, *105*
Hinekura (I), *28*, 30
Hinekura (II), *101*
Hinekura (III), *105*
Hinemānia, *31*
Hinepau, 42, *56*
Hinepau (Hinepau Te Whenuanui), 13, 20, 44, 51, *56*, *57*, 62–65, 68–72, *113*, *118*, 135, 137, 141k
Hinerangi, *104*, *105*
Hinetai, *28*
Hinetatu, 60
Hinetau, *28*
Hīria, *86*, 95, *95*, *96*, 99
Hitaua, *102*
Hoani, *109*
Hoera, *105*

Hoera, Te Rāhui, *106*
Hohepa, *59*
Hohi (I), *57*
Hohi (II), *59*
Hore, *31*
Horahora, 133
Horopāpera, 18, 19, 37, 89, 98, 107, 136, 137
Horopirau, *119*
Horotiu, 136
Hughes, Te Marakū, 126–27, 131–33
Huiarau, 18, 19, 23, 89, 94, 98
Hūrae, *108*

Ihakara, 111
Ira, *119*
Irai, *119*

Ka, *105*, *106*
'Ka hua ahau ki te kōhā e huaki nei mō wai?', 18, 89
'Ka pai te tāne', 20, 65
Kaa (Tira), 20, *58*
Kaaho, *113*
Kāhui, *99*
Kahukī, *92*
Kahumatamomoe, *27*
Kahurapare, *93*
Kahuwī (I), *86*
Kahuwī (II), *95*, *117*
Kaiahi, 25
Kaikino, Te Mākarini *tirohia* Waiari, Tamarau
Kaimamaku, 55
Kākahutāpiki, *77*
Kake, *101*
'Kāore te mamae e wāhi ake ana', 130
'Kāore te mamae ngau kino ana ki a koe, e Nua', 54
Kara, Te Aopēhi, 129
Karaitiana (Hāhi), 24, 114–15, 135
Karaka, Hōri, 101
Kararaina, *94*, *112*
Karawhira, *102*, *103*
Karea, *102*
Katorika (Hāhi), 24, 114
Kau, *93*
Kauaenui, 55
Kauitāhae, *28*

He Kuputohu | 147

Kauwaeroa, 136
Kāwhia, 35, 130
Keko, *94*
Kerei, Kāwana, **wh. 22**
Kereopa Kaiwhatu, 73, 75, 111-12
Kereti, *105*
Kīngi I, Paora, 42-43, 44, 53, *56*
Kīngi, Tumeke Paora, *56*
Kīngi Kanatere (King Country), 81, 115
Kiingita, Nikora, *106*
Kīngitanga, 33, 36, 37, 52, 129, 131-32
Kiritahi, 74
Kōau, *101*
Kohi, Hāpurona, 46, 48, 73, 136, 143k
Kohimarama (pā), 75
Kōhine, *59*
Kohuki, *101*
Kōkāmutu, *28*, 29
Koroki, 61
Korou, *83*
Kōtiro, *59*
Kōtuku, Peita, 47, 136, 143k, **wh. 5**
Kōurakino, *93*
Kuhatahi, *42*, 55
Kuiatewai, 99
Kūmara, *88*, *92*, *93*, *112*, 141k
Kuramihirangi, *110*
Kuraroa, *101*
Kurawetewete, *28*
Kurawhainoa, *101*
Kurei, *105*
Kurī, 99
Kurīkino, *103*
Kuru, *59*

Layna, *59*

McCauley, Bill, 130
Māhaki (I), *58*
Māhaki (II), *99*
Māhanga, 35
Māhia, Hoani, 126-27
Mahuta, Rāpata, 133
Makarita, *106*
Mākita, *57*
Mako, *97*
Mana-o-Rongo, 75
Mānatēpā, 24

Manawarū, 18, 89, 94
Maniapoto, *31*
Maniapoto, Rewi Manga, 14, 19, 35, 36, 43-50, 61, 64, 82, 89, 115, 129, 131, 134-35, **wh. 9**, **wh. 18**, **wh. 22-24**
Mānihera, Tari, *57*
Mānihera, Tiakina, *78*
Manohūnuku, *55*
Manuariki, 132
Mānuera, *110*
Mānuera, Te Pukeiotu, *110*
Mānuera, Te Rana, *110*
Mānuera, Tūripa, *110*
Manuhiri, *83*
Manunui Taraki, *96*
Mangatoatoa, 30, 134
Māngere, *117*
Maraea (I), *57*
Maraea (II), 73
Maraki, Te Whiu, 75
Mārata, 18, 89, 137
Mareta (I), 89, 90, 94, *94*, 137
Mareta (II), *94*
Maria (I), *108*
Maria (II), *117*
Mariana (I), *99*
Mariana (II), *104*
Marie, 21
Maro, *101*
Marsden, Rihi, *86*
Marukiriwhero, *83*
Marumoko, *83*
Marututu, *83*
Mātaatua, 13, 34, 37, 39, 42-43, 44, 51, 53, 67, 72, *97*, 125-27, 141k
Matahera, 20, *57*, *58*, *59*, 63
Matarau (I), *103*
Matarau (II), *117*
Matariki, 18, 25, 140n
Matekuare, Pini, *57*
Materoa (I), *86*, *87*
Materoa (II), *108*
Mātika, Mīhaka, 62, 68
Matiu, 94
Matiu, Hineana Pirihira, 18, 89, 94, *94*, 98, 137
Maukau, *108*
Maukauaka, *113*

Maungapōhatu, 24, 37, 38, 53, 60, 61, 66, 69, 74, 79, 90, 136
Maungatautari, 46, 48
Mead, Hirini Moko, 141k
Meimei, *108*
Melbourne, Hirini, 14, 127
Mere (I), *57*
Mere (II), 137, 138
Mereāira (Te Hauāuru), 20, *58*
Meremiraka, 60, 141k
Meri, *94*
Merihi, *106*
Merita, *97*
Mero, *57*
Mīhaka, *57*, *113*
Mīhaka II, *57*
Mihi, *77*, *86*
Mihikitekapua I, 19, *96*, 140k, 141k
Mihingare (Hāhi), 24, 107, 135
Mika, Te Haumate, *58*
Mikaera, *103*
Milroy, Fred, *94*
Milroy, Te Wharehuia, 14, *94*, *112*, 127, 140k
Mina, *110*
Moenga (I), *95*, *117*
Moenga (II), *113*
Moenga (III), *117*
Mōhaka, 23
Mōri, *59*
Mou, *94*
Mu, Akuhata, *106*
Murahioi, Karita, *105*
Murakareke (I), *28*, *93*, *95*, *112*, *117*
Murakareke (II), *119*
Murakehu, *93*, *112*
Mutu, *87*
Muturangi, *92*

Nana, *57*
Nehemia, *86*, *87*
Nikora (I), *58*
Nikora (II), *86*, *87*
Nikora, Tamaroa (Tama), 14, 61, 119, 127–28, 143k
Nohowhata, *77*

Ngā Māhanga, 111
Ngāhareta, 114
Ngahiriwa, *110*
Ngāi Te Rangi, 43
Ngāi Te Riu, 39, 60, 88–94, 137
Ngākōrau, *110*
Ngāpuhi, 23
Ngāti Awa, 23, 29, 34, 43, 140k
Ngāti Hauā, 88
Ngāti Hinaanga, 39, 136, 137
Ngāti Hinekura, 88–89, 107–10
Ngāti Hineuru, 33
Ngāti Huri, 66
Ngāti Ira, 107–10
Ngāti Kahungunu, 21, 23, 29, 41, 69, 79, 89, 90, 118, 126, 137
Ngāti Kākahutāpiki, 39, 53, 73–78, 136
Ngāti Konohi, 43
Ngāti Kōura, 88–94, 136
Ngāti Kurī, 98–103, 136, 143k
Ngāti Manawa, 21, 32–33, 36, 47, 73, 130, 137, 138, 143k
Ngāti Maniapoto, 13, 18–19, 29, 30–32, 33, 35, 36–38, 44–45, 49, 51, 61, 64, 72, 91, 100, 107, 111, 115, 126–27, 129–33, 140k, 142k
Ngāti Manunui, 39, 84–87, 95–97, 136, 143k
Ngāti Maru (o Hauraki), 32–33, 88
Ngāti Maru (o Maungapōhatu), 79–83, 136
Ngāti Paretekawa, 45, 134
Ngāti Pikiao, 21, 81
Ngāti Pūkeko, 29
Ngāti Pūkenga, 130
Ngāti Rangitihi, 73
Ngāti Raukawa, 64, 107
Ngāti Rongo, 53
Ngāti Ruapani, 41
Ngāti Tāwhaki, 24–25, 60, 79–83, 107–10, 136, 137, **wh. 2**
Ngāti Tūwharetoa, 29, 38, 45, 49, 52, 60–61, 136, 140k
Ngāti Whakaue, 29
Ngāti Whare, 21, 36, 46–47, 60, 70, 136, 137, 138, 143k
Ngāti Whātua, 31
Ngāwaka, *97*

Ohāua-te-rangi, 75
Ōhinemataroa, 43
Ōhiramoko, 140k
Ōhiwa, 111

O'Malley, Vincent, 47, 52
Ōmaru, 65, 66
Ōmarunui, **wh. 5**
Onekawa, 99, 104
Ōpepe, 61
Ōpōtiki, 73, 88
Ōpōuriao, 29, 90
Ōpūtao, 37, 44, 46, 50, 73, 84, 91
Ōrīpā, 30
Ōrona, 38, 60
Ōtenuku, 90
Ōwhakatoro, 29, 34, 90
Paaka, 141k
Paeakau, Te Pora, *106*
Paenoa, 88
Paerau (I) *tirohia* Te Rangikaitupuake, Paerau
Paerau (II), *86*
Paerau, Heuheurangi, 77
Paerau, Te Wairoa, 77, 78
Paewhiti, 34–35, *42*, *92*
Pahau, *86*
Pahe, *57*
Pahiko, *92*, *93*
Pahiri, *57*
Pāhiri, Te Mānihera, 77
Paimārire, 114, **wh. 5**
Paitini (Paitini Wī Tāpeka), 13, 14, 16, 17, 21, 37, 39, 51, 61, 70, 73, 79–82, *83*, 95, 116, 136, 138, 141k, 142k, **wh. 2**, **wh. 3**, **wh. 4**, **wh. 25**
Pakihi, *97*
Panekaha, *92*
Panekire, 18, 89
Pānuiomarama, *28*
Paora, Paora Kīngi (Paora Kīngi II), *56*
Paora, Te Rangiua, *83*
Paora, Te Whāiti, 119
Paparatū, Putiputi, 100–1, *103*
Pāraeroa, 68
Parahaki, 76, *96*
Paraheka, *119*
Paratene, 77
Pare, *109*
Pare Raukawa, *31*
Parehe, *59*
Pareihe, 37, 39, 50, 82, 84, 87, 95, *95–97*, 99, 128, 136, 143k

Paremōkai, 78
Paremōkai, Monu, 77
Parerautupu (I), 21, *58*, *59*, 80–82, 101, *103*, 141k
Parerautupu (II), *59*
Paretekawa, 30, *31*
Paria, *42*
Patuheuheu, 73, 136, 137
Patumaunga (I), *55*
Patumaunga (II), *105*
Penehio *tirohia* Tipoko, Penehio Tamaiākina
Penetiti, 37, 39, 47, 114–16, 118, 136
Pera, *117*
Petahaira, 77
Peti, *57*
Phillips, Alex, 132
Pikake, *120*
Piki (I), *88*, 141k
Piki (II), 136, 138
Pikopō *tirohia* Katorika
Pimia (I), *97*
Pimia (II), *99*
Pinati, Tame, *109*
Pineere, *97*
Pīpī, *86*
Pīwī, *59*
Poha, *99*
Pōhaturoa, 18, *42*, 89
Pohu, *105*, *106*
Pōnika, *106*
Poroutaina, *86*, *87*
Poroutaina, Hākopa *tirohia* Hākopa
Pōtiki I, *96*
Pōtiki II, *96*, *101*
Pou, *59*
Pouwhenua, *93*, *112*, 141k
Pouwhenua, Te Akiu, 44, *56*, 62, 63, 68, *117*, *118*, 141k
Puaki, *113*
Pūhou, *57*
Pūkaha, 79, *83*
Pūkawa, 33, 37–38
Puke, *57*
Pukehinahina, **wh. 12**
Puke-takauere, **wh. 5**
Puketapu, *108*
Puketapu, Hūrae, *108*
Puketī, 90

Pūpū, 58
Pura, 87, 102
Pūru, Nika, 109
Putiputi (I) *tirohia* Paparatū, Putiputi
Putiputi (II), 59, 101, 103

Raharuhi, 58
Rāhui, 105
Raimona, 109
Rako, 87, 102
Rakuraku, 37, 53, 128, 143k
Ramarihi, 101, 103
Rāniera, 58
Rangiaho, 57
Rangiaho, Hākeke, 58
Rangiahua, Kararaina, 59
Rangimatuatini, 95, 96, 99
Ranginui, 109
Rangiparoro, 92
Rangiriri, 36
Rangitaawa, Rīhari, 129–32
Rangitahuri, Rahia, 107
Rangiteremauri II, 57
Rangitihi, 27
Rangitukia, 106
Rangitunaeke, 28
Rangiwhaitiri, 99
Raoa, 101
Rāroa, 90
Raumoa, 92
Rawa, 113
Rāwinia (I), 87
Rāwinia (II), 99
Rāwinia (III), 108
Rāwinia (IV), 137
Rawiri, 86, 87
Rehua, Te Araroa, 110
Remutaka, 47
Rere, 106
Reupene, Te Rangiteremauri
  (Te Whenuanui III), 20–21, 53, 57, 68, 113
Rigby, Rotu, 109
Rihi, 78
Rikirangi, Te Kooti, 17, 53, 74–75, 81, 90, 111,
  118, 127, 131–32, 143k, **wh. 5**
Ringatū (hāhi), 81, 125, 143k
Ringatū (tipuna), 78
Rīpeka, 59

Rīperata, 56
Rīpora, 59
Riri, 106
Roka, 89, 94, *94*, 112
Rōmaikahutia, 113
Ronnie, 59
Rongohaua, 55
Rongokārae, 55
Rongomaipāpā, 27
Rongopopoia (I), 92
Rongopopoia (II), 97
Rongowhakaata (iwi), 31, *107*
Rongowhakaata (tipuna), 92
Rore, 78
Rotorua, 126–27
Ruakituri, 47
Ruatāhuna, 13, 16–19, 20–26, 29, 32–33,
  36–40, 46–47, 49, 51, 60–76, 79–82, 84, 87,
  89, 94, 98, 100–1, 107, 115–16, 118, 125–28,
  132–33, **wh. 25**
Rūātoki, 17, 20, 24, 26, 29, 32, 34, 37, 44, 63,
  66, 68, 90, 112, 127–28, 143k
Ruihi, 87
Rukutanga, 105
Rukutanga, Hoera, 98, 104–6, 136, 137
Rukuwai, 28
Rungaterangi, 31
Rūpī, *108*, 109
Rurehe, Te Kapua, 108
Ruru, 24–25, 75
Rūrūtao (William Shakespeare), 72
Rutu, 113

Serena, 86
Sullivan, Timothy, 91

Tahuaroa, 74
Tahuri, 59
Tahuri, Ru, 14
Tahurioterangi, 28
Taiāmai, 118
Taiaroa, 92
Taiha, *94*
Taihakoa, 60–61
'Taihoa e tangi, tē waiho kia puta te ihu', 69
Taihuka, 109
Taimana, 118
Taina, 57

He Kuputohu | 151

Tainui, 33–35, 38, 40, 49, 132
Taioperua, *28*
Taiparepare, 30
Taipeti, *97*
Taiturakina, 60
Taiwera, Witoria, *86*
Takahi, 41, *41*, *42*, *55*, 141k
Takahiao, *119*
Takatakapūtea, *96*
Takatakapūtea, Hera, *87*
Takiri, *42*
Takotohiwi, *99*
'Taku rākau', 141k
Takurua, 91, *94*, *112*
Tamahore I, *28*
Tamahore II, *28*, 29, 34, 60
Tamahoutake, *42*
Tamaiākina *tirohia* Tipoko, Penehio Tamaiākina
Tamaikōhā, 37, 53, 111–12
Tamakaimoana I, *55*
Tamakaimoana II, 66, 74, 100
Tamakino, *112*, *113*
Tamana, 111
Tamaona, *95*, *117*
Tamapōkai, *28*, *95*, *117*
Tamarau, Mākarini, 37, 39, 40
Tamarau, Meri, *110*
Tamarehe II, *59*
Tamariwai, *117*
Tama-ruru, *101*
Tamatea, Te Waru *tirohia* Te Waru
Tamateakitehuatahi, 34, *42*, *92*
Tamatekapua, *27*
Tama-te-ngaehe, *93*
Tamatokoao, *55*
Tamatuhirae, *119*
Tamawhenua, *113*
Tame, *105*
Tamihana (I), *87*
Tamihana (II), *109*
Tamohuka, *104*
Tānemoeahi, 34, *92*
Tānetekohurangi, *96*
Tangataiti, *117*
Tangi (I), *58*
Tangi (II), *59*
Tangira, *108*, *117*

Tāoho, *109*, *110*
Tāoho, Pita, *110*
Taongahuia, *31*
Tāpeka, Wī, 65, 79–80, *83*, 137, 138, 142k
Tāpiki (I), 37, 39, 47, 48, 70, 80, 111, 114–16, *117*, 136
Tāpiki (II), *108*
Tapuae, *102*
Taputu, Te Uara, *86*
Tapuwae, 18, *87*, 89
Tara, *99*, *104*
Taraia, 32–33, 37
Taranaki, 31, 73–74, **wh. 5**
Tararehe, *94*, *99*
Tarei (Tarei Wiremu), 13, 16, 70, 100–1, *102*, *103*, 128, 136, 138
Tarei, Hera, *77*
Tarei, Mihi, *77*
Tātā, *57*
Tātāhoata, 74
Tātī, *58*
Tauaiti II, *83*
Tauarau (marae), 127
Tauarau (Tauarau Wiremu), 100–1, *102*, *103*, 136
Tauarau, Tarei, *77*
Tauikai, *101*
Taumarunui, 132, 140k
Taumata (I), *101*
Taumata (II), *113*
Taumutu, 41, *41*, *42*, *55*
Taupō, 29, 60
Taura, Ropi, *56*
Tauranga (awa), 43
Tauranga (wāhi), 25
Tauwehe, *58*
Tawa, Pera, *110*
Tawake-moe-tahanga, *27*
Tāwera, 116
Tāwera, Te Haumihiata, 81
Tāwhaipuku, 94, *99*
Tāwhakamoe, *95*, *117*
Tāwhana, 81
Tāwhaokai, *28*
Tawhiwhi, *55*
Te Ahikaiata, 37, 74, 90, 111–12, *112–13*, 136
Te Ahoaho, 37, 39, 44–45, 53, *88*, 88–89, 91, 141n

Te Ahu, 57
Te Ahuru, 28, 30
Te Aitanga-a-Hauiti, 101
Te Ake, 77
Te Ake, Paerau, 77
Te Akiu *tirohia* Pouwhenua, Te Akiu
Te Anuanu, 93, 112
Te Ao, 18, 89
Te Aopaerangi, 117
Te Aorahi, 106
Te Aorangatira, 103
Te Aotawhena, 96
Te Arahe *tirohia* Te Kapuawhakarito, Te Arahe
Te Arairehe, 55
Te Aranga, 86, 87
Te Aratāikiiki, 81
Te Arawa (iwi), 27, 29, 57, 60, 73
Te Arohana, 41, 93, 112
Te Ata, 35
Te Ata, Hine, 140k
Te Atapare, 93, 112
Te Au, Paora *tirohia* Kīngi I, Paora
Te Aukihingarae, 42, 53, 56
Te Au-tui-rangi, 55
Te Awahou, 29
Te Awamutu, 107, 129, 131, 135
Te Haka (Te Whenuanui II), 44, 53, 56, 62, 67, 68, 118, 141k
Te Haka, 105
Te Harema, 73
Te Hata, 58
Te Hau Pokia, 119, 120
Te Hauāuru, 58
Te Haunui, 73
Te Haupai (I), 57
Te Haupai (II), 78
Te Here o te Whetū, Te Here o te Marama, 43
Te Herekuri, 77
Te Herewini, 57
Te Heuheu, Herea, 38, 61, 140k
Te Heuheu, Piripi, 33, 37–40, 44–45, 50, 60–61, 62, 73, 82, 91, 95, 111, 115, 127, 136, 138, 140k
Te Heuheu, Te Rori, 109
Te Hiko, 99, 105
Te Hira, 58
Te Hokaoterangi, 119
Te Hoki, 119
Te Hokimate, 92
Te Horo *tirohia* Horopāpera
Te Hukipoto, 41
Te Hura, 106
Te Iho-o-te-rangi, 119
'Te ika huirua a Te Purewa', 29
Te Ikapoto, 69, 76
Te Ikawhenua-a-Tamatea, 23
Te Iriwhiro (Te Iriwhiro Wiremu), 16, 100–1, 102, 103, 137, 142k
Te Iwa, 110
Te Kakari, 74
Te Kanawa, 30, 31
Te Kapu, 74
Te Kapuawhakarito, Te Arahe, 87, 102
Te Karehana (William Colenso), 24
Te Kawa, 42
Te Kawairirangi I, 31
Te Kawairirangi II, 31
Te Kāwana (James Cowan), 17
Te Kawau, 31
Te Kea, 104
Te Kiato, 96
Te Kīpiwai, Taraipine, 57, 58, 63
Te Kōkau, Rawiri, 21
Te Kooti *tirohia* Rikirangi, Te Kooti
Te Kooti Kāpeneheihana (Compensation Court), 90
Te Kōpani, 74
Te Kore, Ripine, 106
Te Kotahitanga, 132
Te Kuiti, 125, 131, 143k
Te Kura (I), 88, 117, 141k
Te Kura (II), 109
Te Kurapa, Hikawera, 20–21, 61, 62, 64–66, 68, 70–71, 72, 114–16, **wh. 8**
Te Kurapa, Te Tuhera, 58
Te Kurukuru, 53, 62, 68
Te Kuru-o-te-marama, 18, 89, 94
Te Maipi, 102, 103
Te Mākarini (Donald McLean), 90
Te Mānihera, 78
Te Mānihera, Ira Kōihu, 77, 78
Te Mānihera, Paratene, 78
Te Māori, 43
Te Mapu, Hineterangi, 110

He Kuputohu | 153

Te Marae, *108*, *109*
Te Maromako, 94
Te Mata, 77
Te Matā, *95*, *96*, *97*
Te Matā, Hōri, *97*
Te Matetāhuna, *58*
Te Mauniko (Te Mauniko Te Whenuanui), 14, 16, 20, 44, 51, *56*, *57*, 62–67, 69–70, 72, 100, *118*, 135, 137, 141k, **wh. 8**
Te Mauniko II, *56*
Te Mautaranui, 79
Te Menu, *59*
Te Moko, 99
Te Momo-o-Irawaru, *31*
Te Mumuhu, 94
Te Mumuhu, Tūkino, 77
Te Muri, 18, 89
Te Nehurua, *109*
Te Neke, *103*
Te Ngahuru, 44, *88*, 91, *92*, *93*, *112*, 141k
Te Ngoungou, *31*
Te Ōata, 30
Te Ōati, *108*
Te Oha, *117*
Te Ōhanga, *55*
Te Ōhere, *97*
Te Okeroa, *56*
Te Ōmana (John Ormond), 53, 74, 90
Te Ōtawa, *110*
Te Paenga (I), *101*
Te Paenga (II), *113*
Te Pahirere, *105*
Te Pakihiwi Kaha o te Huatahi a Kōkāmutu, 30
Te Paoro, *58*
Te Pauro, Aterea, *106*
Te Peehi (Elsdon Best), 16–17, 21–22, 47, 52, 70, 72, 75–76, 79–80, 84, 91, 104, 128, 138, **wh. 2**, **wh. 25**
Te Pikikōtuku, 21, 81
Te Pora, *105*, *106*
Te Pōtuatini, 115–16, 118
Te Pou, *110*
Te Pou o Mangatāwhiri, 126
Te Pourewa, 30
Te Pouwhare, 73
Te Pouwhenua, *117*, 141n
Te Puehu, *78*

Te Pukeiotu, Te Mapu, *110*
Te Pukenui, Kererū, 37, 53, 74, 90, 111–12
Te Purenga, 90
Te Purewa I, 27, *28*, 29–34, 36, 37, 45, 49, 60–61, 76, 82, 134
Te Purewa II, 53
Te Pūru (haka), 17–18, 52
Te Pūtere, 30
Te Rāhui, *105*
Te Raiti, 60
Te Rākātō, *117*
Te Rama Apakura, 29
Te Rangikaitupuake, Paerau, 37, 39, 46, 48, 50, 53, 70, 73–76, 77–78, 82, 95, 111, 136, **wh. 6**
Te Rangikitua, *92*
Te Rangimehatū, *104*
Te Rangimoaho, 35
Te Rangipaongātahi, Hemopo, *109*
Te Rangitiriao, *96*
Te Rangiua, *83*
Te Rangiwhaitiri, *58*
Te Rānui, *28*
Te Rari, *97*
Te Rehu-o-Tainui, 25, 60
Te Reinga, 94
Te Rewa, Marara, 77
Te Rōpū Whakamana i te Tiriti o Waitangi, 127
Te Ruatapuke, *101*
Te Ruatō, *87*, *102*
Te Ruingaroro, *83*
Te Rurehe, *113*
Te Tahora, 53, 62
Te Tai Rāwhiti, 23, 31, 35, 43
Te Tāpiri, 73
Te Tawai, Mata, *56*
Te Teko, 29
Te Tiki-o-Te Ihingarangi, 48
Te Tokanganuiānoho, 131
Te Tokotoru a Kōkāmutu, 27, *28*, 29, 34
Te Tokotoru a Paewhiti, 34, *92*
Te Tōmairangi *tirohia* Tōmairangi-o-te-aroha (Judith Binney)
Te Tōtara-o-Huiarau, 43
Te Tuatini, 137, 138, 143k
Te Turuhunga, 118
Te Ua Haumene, 74

Te Uhitere, 55
Te Umuariki, 14, 18, 39, 41, *41*, *42*, 42–45, *55*, *56*, *59*, 60–61, 66, 89, 98
Te Umuariki, Animiraka, 13, 16, 39, 44, 60–61, 137
Te Umuariki, Te Whenuanui *tirohia* Te Whenuanui I
Te Umuroa, 84, 87, 95, 125
Te Umutirirau, *93*, *112*
Te Unupō, *117*
Te Urewera, 13, 19, 21–26, 36–37, 53, 74, 81, 90–91, 111, 118, 137
Te Urikore, *83*
Te Uruwhiua, *77*
Te Utu, *88*, 141k
Te Wā, *78*
Te Waaka, Ruka, *77*
Te Waiarumia, 38, 61, 140k
Te Waihoea, *119*
Te Waihīnau, *86*, *87*
Te Waihuka, *57*
Te Waikohuia, *42*
Te Waimana, 24, 26, 29, 32, 35, 37, 43, 53, 90, 128, 143k
Te Wainamu, 101
Te Waiōhine, 81
Te Wairoa (tipuna) *tirohia* Paerau, Te Wairoa
Te Wairoa (wāhi), 90
Te Wākana (Rev. Carl Völkner), 73
Te Wakaūnua, 90
Te Wao, *97*
Te Waru (Te Waru Tamatea), 39, 50, 74, 95, 137, **wh. 7**
Te Waru, Te Mākarini, 35, 37, 39, 50, 74, 95
Te Wetena I, *101*, *102*
Te Wetena II, *87*, *102*
Te Wini, 60
Te Winirehe (Te Wini), *87*, *102*
Te Wioke, *59*
Te Wiremu, 100, *102*, *103*
Te Woki, *59*
Te Whaiatemotu, 53, 68
Te Whāiti (wāhi), 31, 60, 70–71, 136
Te Whāiti (tipuna), *120*
Te Whāiti, Paora, 119, *119–20*
Te Whakaahuru, Te Rēweti, 137
Te Whakarua, 54
Te Whakatōhea, 43
Te Whakatūroa, *55*
Te Whakatūrou, *42*
Te Whanapeke, *95*, *117*
Te Whānau-a-Apanui, 43
Te Whanoke, Ngāwati, *110*
Te Whanganui-a-Tara, 31
Te Wharau, 114–15, 118
'Te Whare o te Kahikatoa', 41
Te Whare Toi o Tāmaki, 43
Te Wharehuia, Te Mākarini *tirohia* Waiari, Tamarau
Te Wharekiri, *59*
Te Wharewhakairo, *105*
Te Whatu, 79
Te Whatumairangi, *27*
Te Whenuanui I (Te Whenuanui Te Umuariki), 14, 16, 17, 37, 39, 41–55, *56*, 62–63, 66, 68–72, 74, 90, 107, 111, 115, *118*, 134, 135, 137, 141k, **wh. 6**, **wh. 24**
Te Whenuanui II *tirohia* Te Haka
Te Whenuanui III *tirohia* Reupene, Te Rangiteremauri
Te Whenuanui, *59*
Te Whenuanui, Hinepau *tirohia* Hinepau (Hinepau Te Whenuanui)
Te Whenuanui, Te Mauniko *tirohia* Te Mauniko (Te Mauniko Te Whenuanui)
Te Whenuariri, *102*, *103*
Te Wherowhero, 31
Te Whetū, 69
Te Whitu Tekau o Tūhoe, 53, 90–91, 112
Teki, *58*
Teku, *109*
Temara, Hōri Te Umuariki, *59*, 101, *103*
Temara, Pou, 101, *103*, 127
Temara, Tokawhakaea, 14, 126, 133, 143k
'Tenei ka noho ka kohi aku mahara', 79
Tētī, *58*
Tewheni, *78*
Tiaina, *59*
Tihi, *28*, 29
Tihi, Te Akakura, *109*
Tiki, *28*
Tīkina (I), 44, *56*, 60
Tīkina (II), *57*, 68
Tīkina (III), *57*
Tikitū, 18, 89

He Kuputohu | 155

Tīmoti, 137, 138
Tīna, *108*
Tiniha, *107*
Tinimēne, 101, *103*
Tinimēne, Tamahou, 21, 59, 101, *103*
Tionga, 29
Tiopira, Ngapera, *110*
Tipoko, 99, *104*
Tipoko, Penehio Tamaiākina, 18, 89, 98–99, 99, *104*, 136, 138
Tira, 20, *58*
'Tirohia atu rā ngā whetū', 18
Titaurunui, *119*
Titia, 99, *104*, *105*
Tōhara, 87, *102*
Toihau, 18, 89
Toikairākau, 68
Toko, *110*
Tokorehe, 87, *102*
Tokorehe, Rako, 87, *102*
'Tokotokona nā te hau tāwaho koi toko atu', 47
Tōmairangi-o-te-aroha (Judith Binney), 17, 47, 50, 52–53, 138
Tomakorahia, Hautū, *107*
Tonumoko, *101*
Tongariro, 33, 37
Topatopa, 137, 143k
Toroa, 34, 41, *42*, *92*
Toroakaikaha, *42*, *92*
Torokihi, *105*
Tōtarapuku, *55*
Tūawhenua, *110*
Tuhau, *120*
Tuhoe: Children of the Mist, 90
Tūhoe Pōtiki (tipuna), 28, *92*, *93*, *95*, *112*, *117*
Tūhouhi, *96*
Tūhourangi, *27*
Tūi, *117*
Tūkahara, 18, 89
Tūkitewa, *102*
Tūkōrehu, Peehi, 29, 30–32, 33, 36, 37, 45, 49, 82, 134
Tūmatawhero, *28*, 29, 34, 75
Tumoana, Kunere, *58*
Tumoana, Tūmoana, *58*
Tūnohopū, *27*, *28*
Turaki, *41*
Turaki-o-rauru, *95*, *117*

Tūranga, 31
Ture Whakanoho 1863 (New Zealand Settlements Act 1863), 90
Turuakahia, *119*
Tūtakangahau, 37, 53, 74, 111
Tūtānekai, *27*
Tutaumau, *119*
Tūteara I, *101*
Tūteara II, *101*
Tuturi, *96*
Tūwhenuakura, *110*

Ueimua, 34, *42*, 91, *92*
Uenukukōpako, *27*
Uenuku-mai-Rarotonga, *27*
Uenukurauiri, 34, *92*
Uhia (I), 25, 60
Uhia (II), *56*
Unuhia, 32
Uruhina, *31*
Urunumia, *31*

Waereti, *109*
Waewae, Tamarehe, *59*
Waewae, Te Hata, *58*
Wahawaha, Rōpata, 74–75
Wāhia, *86*, *87*
Wāhia, Te Rau, 14
'Wahine iti o runga i te rangi', 129
Waiari, 88, *88*, *92*, *93*, *112*, 141k
Waiari, Tamarau, 48, 53, 71, *88*, 88–91, 92–94, 111, *112*, 128, 136, 141k, 143k, **wh. 1**
Waiharakeke, 35, 127, 130, 140k
Waihui, *78*
Waikare, 24, 54
Waikaremoana, 24, 29, 32, 37, 39, 41, 53, 67, 89–90, 107, 118, 126, 128, 136, 143k
Waikarewhenua, 24, 114
Waikato, 31, 33–35, 36–40, 51, 72, 82, 88, 126, 132, 141k
Waikirikiri, 17, 68, 127
Waikite, *59*
Waikite, Te Hira, 20, *57*, 62, 63, 65–66, 69
Wai-mātā, 47
Waiohau, 24, 29, 136, 137
Wairaka, *42*, *92*
Wairākau, *57*
Wairanaki, 87, *102*

Wairaumoana, 96
Waitangi, 58
Waitoariki, 113
Waretini, 106
Waretini, Hera, 106
Wepiha, 33
Weretā, 86
Weretā, Paraki, 39, 84–85, 86, 87, 87, 95, 99, 136
Wero, 78
White, Matu, 14, 85
Wī, 99
Wī (Te Hata), 58
Wī Tāpeka, Paitini – *tirohia* Paitini
Wī Tāpeka, Paora, 39, 64–65, 79–80, 83, 137,142k
Wikitoria, 117
Wīnā, 108
Wiremu (I), 106
Wiremu (II), 108
Wiremu, Tarei *tirohia* Tarei
Wiremu, Tauarau *tirohia* Tauarau
Wiremu, Te Iriwhiro – *tirohia* Te Iriwhiro

Whai, 92
Whaiapare, 31
Whāiti, 95, 96, 99
Whaitiri, 109
Whakaea, 53
Whaka-iri, 101
Whakamoengaika, 96
Whakapu, 99
Whakapunake, 18, 89
Whakatāne (awa), 24, 29, 30, 53, 68, 69, 111
Whakatāne (tipuna), 120
Whakatāne (wāhi), 25, 42, 43, 90, 140k, 141k
Whakaue, 27
Whāngārā, 43
Wharakiwaikura, 105
Wharangi, 18, 89
Wharekauri, **wh. 5**
Wharekiri, Te Pakitū, 58
Wharekura, Peka, 126
Wharerangi, Hōri, 97
Whirinaki, 32
Whitiaua, 102
Whitiwaea, 108

He Kuputohu | 157

Te Kaituhi

He mea whakatipu a Tā William Te Rangiua 'Pou' Temara KNZM (1948 te tau i whānau ai ia) e ōna kaumātua i te mātotorutanga o te reo Māori i Te Urewera kia waru tau rā anō tōna pakeke. Koia te wā i hoki ai rātau ki Ruatāhuna. He ahorangi tikanga ia i te Wānanga o Awanuiārangi i tēnei wā. I mua atu he ahorangi ia o te reo Māori, o ngā tikanga, me te kaupapa rapunga whakaaro i Te Whare Wānanga o Waikato. I mua i tāna mahi i Te Whare Wānanga o Waikato, i Te Whare Wānanga o Te Upoko o te Ika a Māui ia (otirā te wāhi i whai tohu mātauranga ai ia) a, i Awanuiārangi ia mua o tōna haerenga ki Waikato. Ko ia hoki te mana ahurea o te whaikōrero, o te whakapapa me te karakia. Kua tū ia hei mema mō Te Rōpū Whakamana i Te Tiriti o Waitangi mai i te tau 2008, hei mema mō Te Poari Tarahiti Māori o Tūhoe Waikaremoana, hei heamana mō Te Hui Ahurei a Tūhoe, ā, ko ia te heamana o Karanga Aotearoa, te mana whakahoki mai i ngā kōiwi Māori i tāwāhi. Ko ia hoki tētahi o te Tekau mā Rua a Kīngi Tūheitia. I whakawhiwhia ia ki Te Tohu Tā i te tau 2021.